AF359351

PRINCIPES
DE MABLY,

Sur la nécessité de la RELIGION et d'un Culte public,

(Extraits du Traité *De la Législation.*)

Dieu nous préserve que des Athées retrouvent jamais ... Même traité, Liv. IV. Chap. II.)

A PARIS.

Se trouve chez les Marchands de Nouveautés.

AN III DE LA RÉPUBLIQUE FRANÇAISE.

A V I S

DE L'ÉDITEUR.

Un citoyen qui se pique simplement de bon sens, et qui aime son pays; excédé des impertinences irréligieuses dont on nous étourdit chaque jour; révolté bien plus encore des attentats qui ont précédé, et du projet inconcevable qu'ils annoncent, de fonder la régénération d'un grand peuple sur la destruction de tous les cultes, s'était proposé d'examiner dans un écrit cette question politique dont les modernes Titans devaient, avant tout, nous offrir une solution satisfaisante : *Si un Etat quelconque, mais principalement une République de vingt-cinq millions d'hommes peut exister sans religion.* Avant de prendre la plume, il a consulté les auteurs qui ont écrit sur ce sujet. Il a ouvert, entre autres, le traité de Mably intitulé *de la Législation*; et il y a trouvé son ouvrage tout fait. La question y est en effet discutée *ex professo* dans les trois derniers chapitres; tous les rapports en sont saisis, tous les principes posés, toutes les difficultés résolues, en sorte que l'on n'aurait pu, en composant sur cette matière un ouvrage nouveau, que

A

répéter ce qui avait été dit auparavant par Mably, peut être beaucoup mieux, et certainement avec plus d'autorité : on a donc renoncé à écrire, et on s'est contenté de faire réimprimer. C'est peut-être le parti qu'il faudrait prendre à l'égard de toutes ces rapsodies dont un absurde philosophisme nous inonde. Pourquoi ferions-nous à nos adversaires plus d'honneur qu'ils ne nous en font ? Ce qu'ils nous donnent n'est pas neuf, il s'en faut de beaucoup; payons-les de même monnoie : à des objections cent fois rebattues, ne nous lassons pas d'opposer les mêmes réponses.

2° Il est inutile de s'étendre dans cet avis sur le mérite des ouvrages de Mably, et de celui, en particulier, dont on offre l'extrait. Mably est, sans contredit, un des meilleurs écrivains en matière de politique, peut être, à tout prendre, le meilleur, parce que ses principes sont toujours basés sur la morale, sur le témoignage irrécusable de l'histoire et la connaissance approfondie du cœur humain. Mably doit être singulièrement précieux à tous ceux qui chérissent notre révolution, non telle qu'elle a été défigurée par des monstres qui, à force d'horreurs, voulaient en faire une Méduse épouvantable comme eux, mais telle qu'elle se présentait d'abord, et qu'elle reparaîtra, quand on l'aura dépouillée de ces accessoires hideux qui lui sont

tout à fait étrangers. Mably n'a pas seulement
préparé cette révolution, comme tous les bons
écrivains et plus qu'aucun d'eux; il ne l'a pas
seulement prévue et annoncée comme prochaine; il en a, en quelque sorte, tracé l'esquisse
d'une manière précise, il a marqué les voies et
moyens par où elle devait s'opérer; nous n'avons
fait, au moment où nous avons brisé nos fers, que
suivre pas à pas ses indications, à peu près
comme une armée qui exécute un plan de campagne. En nous montrant ce que nous pouvions
espérer d'une révolution, il ne nous a pas dis-
simulé ce que nous devions en craindre; il a
vu les écarts où elle ne manquerait pas de nous
entraîner par l'effet de notre corruption jointe
à l'incroyable vivacité de notre caractère qui ne
s'arrête plus, dès que le premier mouvement
est donné, et d'où il résulte, ainsi qu'on l'a ob-
servé judicieusement, que nous ne conaissons
les milieux, c'est-à-dire, la raison, qu'après avoir
épuisé les extrêmes, c'est-à-dire, la folie. Il faut
lire, à cet égard, dans les *droits et devoirs du
Citoyen* la lettre 6, qui est un vrai prodige de
sagacité et de prévision politique. Quant au
traité *de la Législation*, plusieurs personnes
regardent cet ouvrage de Mably comme son chef-
d'œuvre. C'est un exposé des principes qui doivent guider les peuples dans la confection de
leurs loix, particulièrement de celles qui forment

leur constitution ; c'est le code des législateurs ; et le trésor le plus complet de tout ce qui tient au bonheur des hommes. Avec quelle confiance ne puiserions-nous pas à une pareille source ! Les leçons de Mably valent bien assurément celles d'un Manuel, d'un Chaumette, d'un Robespierre et de tant d'autres. Que ces grands hommes sont petits en comparaison de celui-là !

3° Nous nous sommes fait un devoir de donner le texte de Mably tel qu'il est, sans y rien ajouter, sans en rien retrancher, sans y changer une syllabe. Nous nous sommes simplement permis une ou deux notes pour rectifier des endroits qui ne paraissaient pas assez exacts. Les rapprochemens ont amené d'autres observations. Comment rappeller les principes, sans sentir et faire sentir au lecteur jusqu'à quel point l'on s'en est éloigné ? Nous avons, à cet égard, présenté nos réflexions brièvement et sans amertume, mais avec la franchise qui convient à des hommes libres. Si quelqu'un s'en offense, tant pis pour lui : c'est une preuve que sa conscience nous rend témoignage, et que sa philosophie s'accommode mieux du rôle de persécuteur, que de celui d'apôtre de la vérité.

Qui se læsum clamabit, is conscientiam suam prodet. ERASM.

ROYER, *Député.*

PRINCIPES

DE MABLY,

Sur la nécessité de la RELIGION et d'un Culte public.

———

Le Traité de Mably qui a pour titre : *De la Législation ou Principes des Loix*, est, comme la plûpart de ses ouvrages politiques, en forme d'entretiens. C'est la méthode de Socrate suivie par Platon et par Cicéron que Mably avait pris pour modèles. La conversation est ici entre un Lord Anglois et un Philosophe Suédois, tous deux membres de l'Assemblée législative de leur nation ; ils se rencontrent d'abord à Paris, et ensuite à la campagne dans un agréable château, où ils passent l'automne : c'est-là que se voyant tout à leur aise, et jouissant du plus grand loisir, ils épuisent dans le cours d'une promenade tous les mystères de la politique. Mably n'est pas du nombre des interlocuteurs ; il ne se donne que comme témoin et narrateur de la conversation ; mais il a mis tous ses principes dans la bouche du Suédois.

A 3

L'ouvrage est divisé en quatre livres. Après avoir établi dans le premier que l'avarice et l'ambition, soit des magistrats soit des citoyens, sont la source de tous les maux de la société; fixé dans le second le caractère des loix nécessaires pour prévenir ou réprimer ce double fléau, indiqué dans le troisième, les précautions de prudence que doit prendre un Législateur pour attaquer ces vices dans un Etat corrompu, Mably examine vers la fin de ce dernier livre quel est le pouvoir des bonnes mœurs pour atacher les citoyens au gouvernement, et c'est-là qu'il commence à parler de religion.

» Ce n'est point, Milerd, dit le Suédois, par des » préceptes de pédanterie, ni par de fastidieux discours, » ni en nous accablant d'une foule de devoirs minu- » tieux, qu'on parvient à conserver les mœurs chez un » peuple, c'est en donnant aux enfans une éducation » qui les prépare à être justes et tempérants; *c'est en* » *les accoutumant de bonne heure, par le secours* » *de la Religion, à penser que nous sommes sous* » *les yeux et sous la main d'un juge dont il est* » *impossible de tromper la vigilance et la justice.* » Une bonne éducation nous fait contracter des ha- » bitudes honnêtes, et nous fournit ainsi un pré- » servatif contre les passions; *tandis que Dieu qui* » *est devenu, si je puis parler ainsi, le premier* » *Magistrat de la République, supplée à ce qui* » *manque à nos loix et les protège.* C'est par cette » raison que les Législateurs anciens regardaient l'é- » ducation des enfans *et la religion des peres* comme » le fondement des loix et de la félicité publique.

» Platon et Cicéron valaient bien nos politiques mo-
» dernes qui prétendent se passer de probité. Et puis-
» que nous ne découvrons point encore le sommet de
» la tour qui couronne le château, nous avons le
» tems de nous entretenir, à leur exemple, de ces
» matières importantes, et d'examiner par quels prin-
» cipes le Législateur doit se conduire à l'égard de
» l'éducation *et de la Religion* ».

Le quatrième livre roule en conséquence tout entier sur ces objets. Le premier chapitre est consacré
à l'Éducation ; la Religion fait la matière des trois
derniers. En voici les titres.

Chap. II. *De la nécessité de reconnaître un Être
suprême. Des maux que produit l'Athéisme. Des
Loix qu'on doit lui opposer.*

Chap. III. *De la nécessité d'un Culte public.
Que le Législateur doit le faire respecter, et empêcher que la Religion ne dégénere en superstition
et en fanatisme.*

Chap. IV. *Des loix nécessaires pour établir l'u-
nion entre la Religion et la Philosophie, ou pour
empêcher que l'une ne dégénere en superstition,
et l'autre en impiété.*

Nous n'avons plus désormais qu'à écouter
ou le Philosophe qui lui sert d'interprète. Le
sujet d'entretien s'ouvre par une objection
de ce qui a précédé, et que l'Anglais pro

A

PARAGRAPHE PREMIER.

Nécessité de la Religion.

Je comprends à merveille votre pensée, dit Milord, je vois que toute votre éducation tend à donner de bonnes mœurs aux citoyens ; et je sens que ces bonnes mœurs sont des guides également nécessaires pour empêcher que la République ne s'égare, si elle est dans le bon chemin, ou pour l'y ramener, si elle le cherche encore. Je n'en doute pas, des hommes élevés suivant vos maximes, feraient souvent de ces actions grandes et sublimes que le Législateur aurait tort de nous prescrire. Que les loix ordonnent de faire ce que firent les deux Décius et Horatius Coclès, et je ne sais si on obéira. Mais formez une seconde République romaine, et bientôt des héros se dévoueront pour le salut de la patrie, ou s'opposeront seuls à l'effort d'une armée entière. L'objet que vous vous proposez dans votre éducation, c'est que chaque citoyen devienne pour lui-même un magistrat plus sévère que celui que les loix établissent ; et je conviens que si nous ne sommes toute notre vie que de grands enfans que le gouvernement soit obligé de tenir, pour ainsi dire, à la lisière pour vous empêcher de tomber, nous n'aurons qu'une République mal affermie. Mais vous flattez-vous, poursuivit Milord, que vos loix fassent assez aimer l'ordre et le bien, pour rendre facile la pratique des vertus les plus pénibles ; et que vous verrez naître et subsister long-tems, un peuple de héros dans une société où la propriété des biens, tend, au contraire, à donner sans cesse de nouvelles forces à l'avarice et à l'ambition ?

Sparte que Lycurgue avait si bien prémunie contre tous les vices, s'est corrompue ; ainsi votre République se corrompra, elle contractera insensiblement de nouveaux vices. Combien d'ames n'ont aucun ressort ! Il n'est que trop commun de trouver de ces hommes froids et insensibles à l'aiguillon de la gloire. C'est au milieu de cette multitude innombrable de citoyens sans caractère, que se formera la corruption que vous craignez. Il suffit que quelques citoyens, gouvernés par des passions impérieuses, soient rebelles à la voix du législateur, pour qu'ils ruinent les fondemens de votre République. Ils se livreront sourdement à leurs vices, il leur sera facile de tromper la vigilance des magistrats, et l'impunité les rendant de jour en jour plus entreprenans, ils violeront bientôt l'ordre avec impudence, et obtiendront enfin des loix qui les favorisent.

Rassurez-vous, Milord, répondit notre Philosophe, et ne craignez point une révolution de la part de ces hommes sans caractère, dont vous avez d'abord parlé. Ils obéissent nonchalamment à l'esprit de la République qui les entraîne ; et sans être vertueux, ils ne sont pas cependant méchans : ce ne sont point eux qui préparent ou hâtent la décadence des gouvernemens. Je conviens avec vous qu'il y a des citoyens qu'on ne peut sans danger perdre, un seul moment de vue; leurs passions les rendent capables de tout, et leur adresse leur assure l'impunité. Voilà les ennemis des loix et des États! Qu'il y ait donc des censeurs infiniment supérieurs en sagesse, en vigilance, en exactitude, à ceux de la République Romaine, et qu'il soit impossible de se soustraire à leurs regards. C'est la Religion seule qui peut apprendre aux hommes qu'ils ont à leur côté un juge toujours présent, qui les observe, qui lit dans leurs pensées et descend dans les abymes de leurs cœurs. Platon l'a dit: Qu'aucun délit ne soit sans punition, ou vous verrez les citoyens se familiariser peu-à-peu avec le mal, et violer enfin ouvertement les loix les plus sacrées et les plus importantes. Mais comment chaque délit sera-t-il puni? Comment les citoyens qui connaissent les bornes étroites de la sagesse humaine, seront-ils persuadés que le coupable n'échappe jamais au châtiment, s'ils ignorent qu'ils sont sous la main et sous les yeux d'un Être Suprême qui gouverne le monde, et dont la justice récompense la vertu et punit le vice? Si cette doctrine ouvre une source nouvelle de plaisirs pour l'homme de bien; si son ame, occupée délicieusement de ses devoirs, les remplit avec zèle et en attend une récompense encore plus délicieuse, jouit en quelque sorte, dans cette vie, du bonheur de la vie future; avouez qu'elle inspire une terreur salutaire aux méchants, les retient, ou, par la voie des remords, les rappelle au repentir.

Je vous dirai donc avec Ciceron, dans son traité des loix, que les citoyens soient convaincus que les

Dieux sont les maîtres de toutes choses, que leur providence préside à tout, qu'elle est la source de tous nos biens, et qu'ils tiennent un compte exact de toutes nos actions. Voilà la première, la plus importante et la plus nécessaire de toutes les loix ; car s'il n'y a point de Dieu, il n'y a point de morale. Il est impossible d'offrir à l'homme des motifs suffisans pour l'engager d'obéir plutôt à sa raison qu'à ses passions ; et il ne sera juste, qu'autant qu'il ne pourra se soustraire à la vigilance des loix et des magistrats.

On appelle ordinairement Athées, ces philosophes si communs aujourd'hui, qui nient l'existence d'un Être Suprême ou la Providence, croient que tout est matière. Ils disent qu'une certaine propriété de cette matière, qu'ils appellent l'ame du monde, et qu'ils répandent libéralement dans toutes ses parties, fait penser l'homme, rouler la masse des corps célestes sur nos têtes, et végéter les plantes sous nos pieds. Par une suite de cette admirable doctrine, ils vous soutiennent qu'une fatalité aveugle et irrésistible gouverne tout. Elle a lié les événemens avec une chaîne que rien ne peut rompre. L'homme, sans liberté, n'est qu'un instrument passif, il veut ce que la nécessité lui fait vouloir ; il est poussé par les objets qui le frappent, comme les nuages par les vents. Il ne délibère point, quand il croit délibérer ; il ne détermine point, il est déterminé ; et il n'y a par conséquent à son égard, ni bien ni mal moral, ni juste ni injuste : en un mot, tout est égal pour lui, hors la douleur et le plaisir qui déchire on chatouille ses sens.

Je sais que d'autres philosohes, moins entreprenans

contre Dieu, respectent son trône, mais ils ne veulent point qu'il s'abaisse jusqu'à laisser tomber ses regards sur la terre. Nous ne méritons pas, quoique nous soyons son ouvrage, qu'il daigne s'occuper de nous. C'est à nous à nous arranger comme nous pourrons, pour diminuer nos maux; nous n'avons rien à attendre de Dieu, et notre ame est condamnée à la mort, lorsque les organes qu'elle fait agir sont usés par le tems ou les maladies. Ces philosophes doivent être mis, par le Législateur, dans la même classe que les matérialistes. L'effet de ces différentes opinions est le même pour la société, puisqu'elles coupent également toute relation entre Dieu et les hommes. Dieu est pour l'homme comme n'étant pas, dès que nous ne le regardons pas comme notre juge. Qu'importe ce qu'on pense de la nature de Dieu, de notre ame, de notre liberté, de notre raison, de nos passsions, de nos devoirs, de nos vertus et de nos vices, dès qu'un même sort attend les gens de bien et les méchans.

J'en demande pardon à tous ces philosophes, mais il me semble qu'ils sont nécessairement inconséquens, s'ils s'opiniâtrent à avoir de la probité dans les occasions qui ne se présentent que trop souvent de faire le mal impunément et même avec avantage. Quoi! De si grands philosophes seraient assez sots pour agir sans motifs, et se sacrifier à une vertu imaginée par le vulgaire ignorant? Tranchons le mot, cette philosophie fait nécessairement des hypocrites dans le cours ordinaire de la vie, et des scélérats, s'ils peuvent espérer de l'être avec quelque succès. Tandis qu'il n'y a point d'homme qui n'éprouve en lui-même un combat continuel entre sa raison et ses passions ; tandis que des gouvernemens grossiers et des loix ineptes nous invitent puissamment au mal ou le défendent faiblement ; tandis que le vice élève cent coquins au tour de nous, et que la vertu languit souvent méprisée ; tandis que tout ce que nous voyons, tout ce que nous éprouvons, nous apprend que la pratique de nos devoirs exige de la vigilance, du courage, de la fermeté et une constance précautionnée pour résister aux amorces du vice, je croirais bonnement que ces philosophes prennent la peine de résister à leur passions ? Ils se refuseront à une perfidie, à un mensonge, à une bassesse, à une calomnie qui ferait leur fortune ? Ils sacrifieront des goûts et des plaisirs qu'ils croient innocents et même louables, à une chimère de vertu difficile dont ils se moquent assez librement, quand ils parlent devant des personnes qui sont dignes d'écouter leur doctrine ? Malgré la crédulité que nous reprochent ces grands philosophes, je les avertis que nous ne croyons pas volontiers à leur probité. Ils ont beau parler de leur amour pour la vertu en termes magnifiques, ont les voit à travers le masque dont ils tâchent de se couvrir, et ont les voit tels qu'ils sont. S'ils prennent même le parti désespéré de faire avec éclat quelqu'action honnête, on aura encore la malice de penser qu'ils ne cherchent qu'à jetter un voile sur cent choses, peu régulières ou honteuses, qu'ils se permettent tous les jours.

Lorsque Cinéas expliquant à Fabricius le systême d'Epicure, lui dit que cette philosophie était la doctrine la plus accréditée chez les Grecs, le Romain pria les Dieux que les ennemis de sa patrie pensassent toujours ainsi pour n'être pas redoutables. Fabricius avait raison de croire que des philosophes qui anéantissent le Législateur et le Magistrat suprême de l'univers, anéantissent en même tems tous les droits de notre raison, et laissent une libre carrière à nos passions. Dès que l'homme est aveuglé au point de ne pas distinguer le bien et le mal moral ; dès qu'il est privé du sentiment intérieur de sa conscience, où trouvera-t-il un guide ? Quel législateur, quelles loix, quel gouvernement fourniront au citoyen des motifs pour lui faire aimer constamment ses devoirs ? Puisqu'on peut tromper les loix et les magistrats, quel sera le garant de la probité publique ? Au lieu d'être unis par les liens de la confiance, les citoyens doivent tous se défier les uns des autres ; et la société, en quelque sorte dissoute, n'est plus qu'un assemblage de brigands.

Je pense presque comme vous, dit Milord en interrompant notre Philosophe, et je serais assez disposé à croire qu'un athée conséquent n'est pas en effet un fort honnête homme. Cependant, permettez-moi de vous demander pourquoi l'Athéisme serait plus funeste pour la société que ces religions ridicules, qui en nous faisant adopter des dieux fourbes, injustes, cruels, capricieux, etc. nous invitent en quelque sorte au vice. J'ajoute que si l'idolâtrie est un plus grand mal aux yeux de Dieu que l'athéisme, elle doit aussi produire de plus grands maux parmi les hommes ; et il me semble qu'il est assez naturel que Dieu pense comme Plutarque, qui a dit qu'il aimerait mieux qu'on assurât qu'il n'y a jamais eu de Plutarque, que si on disait qu'il a été un malhonnête homme. Or, on ne peut nier que malgré la religion la plus absurde et la plus scandaleuse, la Grèce et Rome n'aient produit les hommes de la terre les plus vertueux; pourquoi donc l'athéisme ne pourrait-il laisser subsister la vertu dans un pays où il serait établi avec de certaines précautions? Pourquoi une république ne pourrait-elle subsister sans religion? Des voyageurs assurent qu'ils ont trouvé des peuples qui n'avaient aucune idée de la divinité. On prétend qu'avec des loix plus sévères, plus exactes et plus vigilantes que les nôtres, on pourrait contraindre des athées à se conduire aussi régulièrement que s'ils avaient une morale. Vous savez qu'un philosophe moderne a fait des raisonnemens assez forts pour prouver que leur société pourrait être heureuse et florissante.

Milord, dit notre Philosophe, il faudrait une journée entière pour répondre à vos questions; mais sans entreprendre d'expliquer l'espèce de mystère qui enveloppe le paganisme et ses dieux; ce qui nous écarterait trop de nos loix, permettez-moi de vous faire simplement remarquer que si les Romains n'avaient retiré aucun avantage du culte religieux qu'ils rendaient à Jupiter, Vénus, Mercure et autres malhonnêtes divinités, jamais Fabricius dont je viens de vous parler, et qui, entre nous, avait le sens commun, n'aurait été assez insensé pour le préférer à l'athéisme de Cinéas. Quelque contraire aux mœurs que fût la religion des anciens, ce vice était sans doute corrigé par nne doctrine particulière qui leur apprenait que Jupiter punissait sévèrement dans les hommes, les libertés que prenaient les dieux. Peut-être croyait-on que ce qui était mal dans les hommes, était bien dans les dieux dont l'état est si différent du nôtre : c'est ainsi que les petits, parmi nous, approuvent dans les grands ce qu'ils blâment dans leurs pareils. Quoiqu'il en soit, cette religion, malgré ses folies, était sans doute utile à la société, puisque les politiques les plus éclairés s'en servaient avec avantage pour affermir la probité des citoyens, et qu'ils ont constamment regardé sa décadence comme le signe des malheurs publics. A ces dieux méprisables qu'on adorait et qu'on n'aurait osé imiter, était jointe l'idée d'un Tartare et des Champs-Élisées ; dans l'un, on punissait les hommes qui auraient voulu prendre les mêmes licences que les dieux ; et dans les autres, on récompensait les vertus qui honorent le plus l'humanité. Dès que les vertus et les vices attendaient un sort différent dans une seconde vie, la religion n'était-elle pas un plus sûr garant de la probité que l'athéisme ? Quelqu'insensée qu'elle soit, un sage législateur en saura tirer parti ; mais il ne peut rien espérer de l'athéisme. On peut avoir de fausses règles de la justice et de ses devoirs, et c'est un mal ; mais ce mal n'est-il pas moindre que celui de n'en avoir aucune notion, ou de croire que tout ce qui nous fait plaisir est bien ? Laissez à la raison le tems de s'éclairer et de se perfectionner, et la théologie la plus absurde peut devenir peu à peu la religion d'Aristide, de Socrate et de Platon.

La pensée de Plutarque est très-raisonnable, et
cependant

il pourrait se faire que l'athéisme fût un plus grand mal aux yeux de Dieu, que l'idolâtrie la plus monstrueuse. Je ne suis point assez téméraire pour vouloir pénétrer les jugemens de la Sagesse divine, mais ne ne pourrait-on pas dire qu'elle voit avec indulgence le culte le plus insensé, parce que l'intention de ceux qui l'ont établi et qui le pratiquent est sage; certainement, s'ils avaient pu mieux faire (1), ils l'auraient fait. Sa bonté lui représente sans cesse qu'il nous a donné une raison sujette à l'erreur et lente à se former. Dieu n'est pas Plutarque, il n'est pas homme pour être blessé de nos injures. Peut-être n'exige-t-il pas des temples, des autels, un culte pour lui, mais pour nous. Il n'a pas besoin de nos sacrifices, il se suffit à lui-même, mais il nous importe, mais nous avons besoin de lui rendre nos hommages. C'est parce qu'il nous aime, c'est parce qu'il nous a faits pour vivre en société, c'est parce qu'il veut être le lien qui nous unit, et se rendre le garant de la foi que nous nous promettons, que sa censure nous est nécessaire et qu'il l'exerce sur nous. C'est parce que l'athéisme dégrade l'homme en ôtant à l'univers une magistrature dont il ne peut se passer; c'est parce cet athéisme perd la société en détruisant toute confiance et toute sureté entre les citoyens, que Dieu le

---

(1) Il n'est point d'idolâtre qui, en suivant les lumières de sa raison, ne pût parvenir à connaitre le Dieu vivant et véritable. Mais il suit cette raison jusqu'à un certain point; il n'éteint pas totalement son flambeau, comme l'Athée; il fait une partie du chemin, quoiqu'en demeurant toujours bien loin du terme, et par-là il mérite d'être traité non pas AVEC INDULGENCE, mais certainement avec moins de rigueur.

B

punira. Il doit être plus indulgent pour la doctrine d'un Muphti ou d'un Bracmane que pour celle d'Épicure ou de Spinosa.

Je crois, si l'on veut, que les voyageurs ont trouvé des peuples qui n'avaient aucune idée de Dieu, de la spiritualité de notre ame, ni des récompenses et des châtimens qui nous attendent dans une autre vie; mais si cet athéisme peut subsister parmi des sauvages qui vivent encore à la manière des brutes, et que la faim, la misère et la nudité poursuivent dans leur retraite; qu'en peut-on conclure pour des sociétés régulieres et qui sont éclairées par les lumières de la politique, des sciences et des arts? A-t-on jamais vu des hommes avoir des loix et des magistrats, et ne point avoir de culte religieux? Si les voyageurs avaient abusé du privilège de mentir jusqu'au point de publier de pareilles relations, la philosophie n'aurait pas dû les croire. Remarquez d'ailleurs que des sauvages peuvent ignorer qu'il y ait un Dieu, mais ils ne nieront point son existence; ils ne prétendront point qu'il n'y a ni bien ni mal moral, et quelque grossier que soit leur instinct, ils mettront une grande différence entre tromper et dire la vérité, entre secourir son voisin prêt à périr et l'assassiner. Il y a un athéisme qui ignore qu'il y a un Dieu et des règles de morale, et un athéisme qui enseigne qu'il n'y en a point. L'un suppose une extrême ignorance, mais l'autre ne peut s'associer qu'avec une extrême dépravation.

Je ne sais quel empereur, dont je suis fâché d'avoir oublié le nom, voulait, dit-on, donner une isle aux philosophes Platoniciens, pour éprouver s'ils pourraient y fonder une République sur le plan que leur maître en a tracé; pour moi, si j'étais prince, j'accorderais volontiers une de mes provinces à [tous les athées du monde, pour y établir la merveilleuse République de Bayle (1). Voulez-vous permettre, Milord, que pour répondre à vos questions, je suive cette idée bizarre? Ma charte de concession ne tardera pas à être dressée, et la voilà publiée; et vous pensez bien que l'Europe va retentir de mes éloges, car nos philosophes sont merveilleusement enclins à la flatterie; et il est bien décidé que je suis le plus puissant génie de l'univers. Bientôt nos athées, trop vains pour douter du succès de leurs loix et de leur gouvernement, s'empresseront à venir prendre possession de leurs nouveaux domaines. Voilà d'abord de grands philosophes, les uns plaisans, les autres sérieux, qui ont tout vu, tout examiné, tout généralisé; ils n'ignorent de rien et traînent après eux mille petits beaux-esprits qui se sont hâtés de dire quelque impiété triviale pour tâcher de faire du bruit et sortir de leur obscurité. A leur suite arrive pêle-mêle une foule de femmes galantes plus ou moins philosophes,

---

(1) Cette réalisation de la république de Bayle est un morceau vraiment piquant. La république proposée par Mably, ressemble tout-à-fait à la nôtre, à une différence près. Il s'agit là d'une seule province détachée d'un grand empire, et sacrifiée en pure fiction pour faire un essai; au lieu qu'il s'agit ici d'une vaste contrée, distribuée en 87 départemens, et habitée par 25 millions d'hommes. C'est sur ce beau pays, le plus florissant du monde civilisé, que nos philosophes entreprennent très-réellement de faire une épreuve; et quelle épreuve! On va en voir le résultat.

suivant qu'elles ont eu ou qu'elles ont plus ou moins d'amans. Voici de jeunes libertins qui, pour ne rien craindre, voudraient apprendre à ne rien croire. Vous voyez d'assez beaux commencemens, et que la république naissante ne manquera, ni de magistrats, ni de ce qu'on appelle ailleurs la populace.

On s'assemble donc pour donner une forme au gouvernement, et comme je suis de bonne composition, je suppose que tous ces sages, qui dans le fond se haïssent et se méprisent, rendront cependant justice au plus grand mérite, et conviendront entre eux de quelque subordination. Ils ont lu *l'Esprit des loix*, ainsi je ne doute pas que leur gouvernement politique ne soit admirable. Ils ont tant dit que l'homme est un animal vicieux et méchant par sa nature, qu'il faut s'attendre à leur voir prendre les mesures les plus sages pour épouvanter les coupables, et inviter les citoyens à faire des actions utiles à la société.

Ces philosophes sont si persuadés que la philosophie et la politique consistent à mépriser la superstition, et ils ont si souvent répété que toute religion n'est qu'une vaine et barbare superstition qui abrutit snotre raison, qu'ils ne manqueront pas de faire un catéchisme qui porte la lumière dans l'esprit de leurs enfans, et les prémunisse contre l'erreur qui leur est naturelle. Agir autrement, ce serait une inconséquence, ou une indifférence pour le bien public dont il serait injuste de les croire capables. Si ce n'est pas dans la première assemblée de la nation, ce sera du moins dans la seconde, que son sénat lui représenfera avec beaucoup d'éloquence, que la république, à peine formée, est menacée d'une décadence prochaine, si on n'oppose pas de bonne heure une barrière insurmontable aux erreurs qui assiègent la raison humaine. Nos loix politiques, dira le consul ou le tribun du peuple, ne nous suffisent pas; ayons des pensées dignes de nous; en éclairant notre siècle, préparons le bonheur des races futures. Pour faire ce grand ouvrage, il est question de nous ménager une postérité digne de nous, et qui nous surpasse même s'il est possible. Les peuples superstitieux établissent d'abord les loix de leur religion; et c'est ainsi qu'en trompant l'esprit des enfans, ils sont parvenus à faire régner impérieusement l'ignorance et l'erreur, et à contraindre la philosophie à n'oser se montrer, ou à se rétracter quand elle avait laissé percer quelques-uns de ses rayons. A leur exemple, et pour le triomphe de la vérité, faisons ce qu'ils ont fait en faveur de leurs préjugés. Les tems, continuera-t-il, sont arrivés où la philosophie peut se montrer toute entière, tous les voiles qui couvrent la nature, doivent tomber à la fois. N'ayons aucun de ces ménagemens pernicieux par lesquels nous étions obligés de déguiser notre doctrine, tandis que nous vivions au milieu d'une multitude aveugle, intolérante et incapable de s'élever jusqu'à nous. N'ayons plus de secrets, prodiguons toutes nos richesses, montrons que nous sommes des pères tendres, en épargnant à nos enfans les fatigues que nous a causées la recherche de la vérité : laissons leur un héritage qui ne leur aura rien coûté. On ne peut familiariser de trop bonne heure les esprits avec nos principes ; il faut apprendre à nos enfans nos conséquences avant qu'ils soient en état de les appercevoir. C'est par cette sage éducation que les hommes les plus grossiers comprendront sans peine nos écrits les plus profonds et les plus sublimes.

Après avoir entendu un si beau discours, la diète nationale portera sans doute une loi pour ordonner aux peres d'enseigner à leurs enfans qu'il n'y a point de Dieu, et que les ignorans ont appellé de ce nom effrayant une certaine harmonie, un certain mouvement, un certain rapport, en vertu desquels toutes les parties de l'univers agissent ensemble , se soutiennent , se défendent et se détruisent tour-à-tour pour se reproduire, de manière que le monde, ouvrage à quelques égards admirable , est plein cependant de tant de défauts et d'imperfections, qu'il ne peut avoir été fait par un être infiniment intelligent, infiniment sagé et infiniment puissant. Pour prouver cette vérité fondamentale, on étalera avec soin cette longue suite de misères et de calamités qni poursuivent le genre humain. La providence n'est donc qu'un mot vuide de sens que les sots ont imaginé contre toute raison pour exprimer une chimère qui n'existe pas , c'est-à-dire l'action par laquelle un être supprême est supposé conserver et gouverner l'univers. Après cette première leçon, il sera ordonné à tout père d'ajouter que le monde est éternel et subsiste par lui-même ; puisque la création qui est l'action de tirer une chose du néant, est impossible. Mais si on aime mieux que l'ordre que nous voyons dans l'univers , ait succédé à un cahos, et ait eu un commencement , il sera permis de dire que c'est l'ouvrage du hazard et le fruit d'une combinaison fortuite des éléments.

Après avoir développé d'une maniere si claire et si satisfaisante ce que c'est que l'âme du monde, on passera à l'explication de la nôtre. La substance qui pense en nous , demandera-t-on à un enfant , est-elle distinguée de la matière qui compose notre corps ? Et la loi ordonnera qu'avant de répondre, on l'accoutumera à faire un éclat de rire , ou à laisser comme échapper un sourire dédaigneux : cela revient au même. Il dira ensuite que la spiritualité de l'âme est une de ces réveries agréables qui doivent être reléguées dans le pays des Sylphes et des Gnomes ; que la pensée est une propriété de la matière , quand elle est organisée d'une façon propre à former un homme, un singe, un chien, un cheval etc. , et que la matière , suivant qu'elle est arrangée pour former des organes plus ou moins subtils , plus ou moins déliés , plus ou moins disposés à agir de concert et rapidement les uns sur les autres, est aussi plus ou moins propre à penser.

Demanderez-vous à un petit athée de huit ou dix ans ce que c'est que la mort ? Il sera assez bien instruit pour vous répondre que c'est la cessation du mouvement nécessaire pour entretenir la sorte d'organisation qui fait penser , boire , manger , voir , marcher, entendre , toucher , etc.; s'il a même quelque mémoire, et qu'on ait pris soin de son éducation , il vous fera quelques plaisanteries sur les fables dont on a la folie de nous attrister en nous parlant d'une autre vie. Il prendra même quelquefois le ton de son pré-

cepteur, et ne manquera pas de se féliciter du bonheur qu'il a d'avoir tété en naissant le lait de la philosophie, et d'être débarrassé pour toujours des ter-
reurs paniques qui désolent les hommes aveuglés par
le mensonge et les préjugés, et qui, n'osant jouir sans
crainte et sans remords des douceurs de cette vie, se
rendent en effet malheureux dans l'espérance d'un
bonheur chimérique.

A peine sera-t-il instruit qu'il n'y a point de Dieu,
et que cette vie n'est suivie d'aucune récompense ni
d'aucun châtiment, qu'il sera tems de lui apprendre
que l'homme n'est pas libre, et qu'il doit se défier
de ce sentiment intérieur, qui voudrait lui persuader
qu'il est maître de ses actions. Il faudra dire et re-
dire à cet enfant, que toute la sagesse humaine consiste à éviter la douleur et trouver le plaisir; que ces
loix naturelles, dont les sots et les pédans font tant
de bruit en voulant relever les droits de la raison, ne
sont que cet amour de soi-même, par lequel chaque
individu, se regarde et doit se regarder comme le centre,
l'objet et le fin de tout; que l'empire du monde est
abandonné à nos passions; et que notre raison, destinée à les servir, parce qu'elle a moins de force qu'elle,
doit leur fournir simplement les moyens de se satisfaire avec plus de facilité.

Vous n'êtes pas au bout, Milord, des sublimes ins-
tructions qu'une république d'athées doit donner à ses
jeunes éleves. Après leur avoir bien gravé dans l'esprit
qu'il n'y a ni justice ni injustice, ni vertu ni vice;
et en attendant qu'ils puissent lire dans quelques ouvrages admirables, la démonstration de ces vérités, les

instituteurs seront chargés par la loi, de ne rien négliger pour les prévenir contre les préjugés de l'ignorance et de la superstition, et les accoutumer à une logique mâle et vigoureuse, qui ne se laisse point effrayer par des conséquences quelquefois un peu révoltantes. Pour essayer les forces d'un enfant, on proposera différens petits problêmes à résoudre ; par exemple, on lui demandera s'il regarde du même œil la personne qui lui donne un jouet, et son camarade envieux qui le brise par jalousie, ou qui le dérobe. S'il hésite à répondre, et que sa reconnaissance et son indignation lui fassent en quelque sorte oublier le grand principe que toutes les actions sont égales, il est essentiel de lui faire honte de son embarras. On n'aura pas fait vingt fois à un enfant des questions pareilles à celles que vous venez d'entendre, que son esprit aguerri contre je ne sais quels sentimens que la nature a placés dans notre cœur, s'accoutumera à cette humanité indulgente qui excuse tout, et acquerra cett^e noblesse de penser qui ne s'étonne de rien. A quinze ans un jeune athée sera assez formé pour n'être point surpris que ses maîtres ne mettent aucune différence entre Caton et Catilina, et les estiment de même.

Voilà, Milord, la doctrine funeste dont l'athéisme infecte nécessairement les esprits ; voilà ce que devien la morale, après qu'on a cessé de reconnaître l'existence d'un Dieu ; et je vous demande à mon tour si une république qui pousserait l'absurdité jusqu'à vouloir faire de bons citoyens en jettant dans toutes les ame des semences de scélératesse, pourrait subsister. Je vous demande, Milord, si ces philosophes sublimes qu

BIBLIOTHÈQUE ROYALE

connaissent tout hors les hommes au milieu desquels ils vivent, pourraient porter leurs loix et instruire leur jeunesse, sans s'appercevoir de leur extravagance. Qui d'entr'eux serait assez hardi pour ne pas trembler, en voyant qu'il confie ses intérêts les plus chers, son repos, sa fortune et sa vie, à une canaille dont il faut continuellement se défier? Qui d'entr'eux ne sentirait pas le besoin d'un Dieu, d'une providence et de la morale, et que la probité de nos pareils nous est nécessaire pour dormir tranquillement.

Si la vérité, Milord, est toujours utile, l'athéisme n'est donc pas la vérité, car il est toujours plus funeste aux hommes que la guerre, la famine et la peste. Messieurs, prendrai-je la liberté de dire à la diète générale de la république de Bayle, j'admire l'art extrême avec lequel vous entassez précautions sur précautions pour vous engager à être honnêtes gens; mais pourquoi ne remarquez-vous pas qu'avec un peu de vertu, vous produiriez d'une manière plus simple, plus facile, plus sure, les effets que vous attendez inutilement de vos loix? Les philosophes sont amis d'une certaine simplicité dans leurs opérations, pourquoi donc votre code est-il si compliqué? Pourquoi avez-vous tant de loix? J'ai peur que quelqu'esprit malin ne dise que vous vous défiez de votre philosophie et de vos citoyens. Voulant faire ce qu'on appelle vulgairement des magistrats intègres, vigilans, courageux et justes, il me semble que vous devriez donner quelque valeur à la vertu. Pourquoi donc élevez-vous vos enfans dans une doctrine qui leur apprend que les hommes sont ce qui plaît à un destin aveugle, et non pas ce qu'ils désirent d'être ; et que l'intégrité, le courage, la vigilance et la justice, vains noms, ne valent pas mieux dans le fond que la fraude, la négligence, la poltronerie et l'injustice ? Si la vertu n'est qu'un préjugé inutile, tâchez de vous en passer ; si elle est un bien réel, ayez le bon sens d'y préparer le cœur de vos enfans. Vous aurez beau faire, je craindrai toujours que vos loix ne soient jamais assez sévères pour contenir des hommes aguerris à la magnanimité de vos principes. Si n'oubliant pas votre doctrine sur la méchanceté du cœur humain, vous prenez le parti de doubler le nombre de vos magistrats, je prendrai la liberté de vous représenter que cette ressource n'aura aucun succès, et que deux magistrats choisis parmi des citoyens malhonnêtes gens, ne sont pas plus utiles à la société qu'un seul.

En effet, Milord, il ne faut pas penser que les citoyens de la République de Bayle imitassent dans leur conduite, ces athées qui sont aujourd'hui dispersés dans toute l'Europe. Si eeux-ci ne sont pas les plus méchans des hommes ; s'ils dérogent quelquefois aux principes de leur philosophie ; si des mouvemens involontaires de probité préviennent leurs réflexions quand il faut agir, ils le doivent à l'éducation humaine qu'ils ont reçue. Quand ils ont commencé à philosopher, ils avaient déjà dans le cœur des principes assez profondément gravés pour ne pouvoir être entièrement effacés ; ils avaient déjà contracté des habitudes ; et leur caractère qui était formé, a pu s'altérer, mais n'a pas entièrement été changé par leurs spéculations. Aujourd'hui que nos athées vivent avec des hommes moins habiles qu'eux, et assez simples pour croire au vice et à la vertu; ils sont invités, par leur propre intérêt, par la crainte du mépris et de la haine publique, à se refuser aux conséquences pratiques de leur philosophie; ils contrefont les honnêtes gens par condescendance, pour nous, et parce qu'ils font encore quelque cas de l'opinion publique. Mais toutes ces barrières ne seront-elles pas levées dans une République d'athées?

Messieurs, dirais-je encore, vous vous vantez de connaître tous les mystères et tous les secrets de ce que vous appelez la grande ame de l'univers; mais, pour former une société, n'auriez-vous pas dû prudemment commencer par étudier le cœur humain? Pouvez-vous ignorer que les vertus et les vices qui font fleurir ou qui perdent les états, ne sont rares ou communs qu'autant que le législateur prend un soin particulier de cultiver les bonnes mœurs? Pourquoi ne savez-vous pas que ces loix perdent beaucoup de leur pouvoir, si l'éducation ne nous fait contracter des habitudes louables, avant même que notre raison soit en état de juger de tout le mal que les vices font aux hommes? Nous avons besoin d'apprendre à avoir une conscience et des remords avant même de connaître le prix de la vertu. Pour votre honneur, ne soyez plus en contradiction avec vous-mêmes; ne dites plus que des politiques adroits ont imaginé un Dieu, une providence, l'immortalité de l'ame, des peines et des récompenses dans une seconde vie, pour gouverner plus aisément les hommes dans celle-ci; ou convenant de l'utilité de cette doc-

trine, ne soyez point assez mal habiles pour n'en vouloir tirer aucun secours. Vous avez sans doute trouvé
quelquefois en vous-mêmes des sentimens de justice,
d'humanité et de bienfaisance ; si la nature nous les
a donnés pour notre avantage commun, pourquoi
travaillez-vous, je vous prie, à les étouffer ? S'ils
sont l'ouvrage de l'art et de l'éducation, pourquoi
voulez-vous que votre éducation nous rende méchans,
tandis qu'il serait aisé de nous rendre meilleurs ? Je
vous le demande, votre haute prudence n'a-t-elle
point là-dessus quelque reproche à se faire ? Le sentiment de la honte que nous éprouvons quand nous
sommes blâmés, est un des présens les plus précieux
que la nature ait pu nous faire. De grace, Messieurs,
pourquoi n'en profitez-vous pas pour nous détourner
des actions qui sont nuisibles à la société ? Si les
peines que vous infligerez aux coupables, ne touchent
que le corps, si elles ne frappent pas l'ame en la
couvrant de confusion, à votre place je n'espererais
pas que les supplices les plus durs fussent capables
d'intimider et d'arrêter vos intrépides citoyens ; ils
seront bien forts contre les loix, quand ils seront parvenus à braver la honte. Dès qu'on est sans morale,
il ne faut pas un courage bien extraordinaire pour
s'accoutumer à regarder la roue et des tortures encore
plus cruelles, comme une violente attaque de goutte
ou de colique. Vous aurez le chagrin de voir mille
coquins assez robustes et assez philosophes pour se
persuader que ce n'est pas un si grand malheur de
périr de la main d'un bourreau. Ils s'enhardiront au
crime, en se disant que si leur fin est douloureuse,

elle est courte. Peut-être parviendront-ils à se féliciter de n'être pas exposés à végéter dans une misérable
viellesse, pour mourir dans un lit, tourmentés par
des douleurs aigües, ou par une défaillance encore
plus insuportable. Si les supplices sont inutiles pour
détourner du mal, soyez sûr que vos citoyens se moc-
queront des récompenses que vous leur présenterez
pour les inviter au bien; ils se croiraient vos dupes
en tâchant de les mériter. En effet les récompenses
ne font rien, quand elles ne sont pas distribuées par
des hommes capables d'apprécier nos actions. Quelle
vertu peut-on estimer, quand par ses principes on
ne peut mépriser aucun vice?

Je vous prie de remarquer, Milord, que, quand
à force de gibets et de roues, la république de Bayle
parviendrait à empêcher les grands crimes, jamais elle
ne pourrait faire naître cette honnêteté de mœurs qui
rend les hommes délicats et scrupuleux, je ne dis
pas dans leur conduite publique, mais dans leurs pensées et dans l'examen secret qu'ils font d'eux-mêmes.
Dieu nous préserve que les athées trouvent jamais
l'anneau de Gigès. Comment arrêtera-t-on le cours
de ces coquineries sourdes, sur lesquelles les loix n'ont,
pour ainsi dire, aucune prise? Comment parviendra-
t-on à punir ces faussetés, ces trahisons, ces ca-
lomnies méditées dans l'obscurité, publiées avec art,
et dont Dieu seul peut découvrir la source et l'ar-
tifice? Qu'un méchant homme qui ne craint ni Dieu
ni sa conscience est à son aise au milieu de ses vices!
Il nous brave en affectant une fausse simplicité. Il

se jouera impunément de la vigilance des magistrats:
Toujours soupçonné, on n'aura que des demi-preuves
de ses crimes. Vous ordonnerez, si vous le voulez,
des châtimens contre ces injustices, ces fraudes, ces
haines, ces vengeances, ces escamoteries, ces intrigues,
auxquelles les législateurs n'ont jusqu'à présent infligé
aucune peine. Mais je vous avertis qu'on éludera aisément la force de vos loix. Croyez-vous qu'il ap-
partienne à tous les états de faire la censure de la
république Romaine ? Des magistrats qui notent et
tachent un citoyen sans forme de procès, sont l'abus
le plus criant et le plus absurde, si les mœurs ne
sont pas souverainement respectées. Quoi ! on trouverait
parmi nos athées des hommes dignes d'être des censeurs et des Catons ! Quoi, ils se flatteraient d'établir
au milieu d'eux, une magistrature que les Romains
ne purent conserver quand leurs mœurs furent cor-
rompues ! Non, Milord, si ces magistrats avaient
d'abord quelqu'autorité, ils ne s'en serviraient que
pour établir une inquisition funeste, servir leurs passions et établir leur tyrannie. Ils trouveront le secret
d'être méchans impunément, en l'étant d'abord
avec une sorte de retenue et de prudence ; et bientôt
ils se serviront de leur crédit et des loix mêmes,
pour faire des injustices qui hâteront la ruine de l'état.

Il est assez heureux qu'en faisant tous leurs efforts
pour nous prouver que l'athéisme peut faire fleurir
une république, les ennemis de Dieu nous fournissent
la preuve peut-être la plus complette de son existence.
Son nom sans doute est écrit sur toutes les parties

de l'univers; la grandeur et la beauté de son ouvrage publient, je l'avoue d'une manière bien éloquente, la puissance et la sagesse de l'ouvrier; mais nous ayant fait de façon que nous ne pouvons nous passer de lui, ne se montre-t-il pas encore plus clairement à nos yeux? Ce témoin, ce juge de toutes nos actions et de toutes nos pensées, qui est indispensablement nécessaire à notre bonheur, c'est-là la preuve la plus convaincante qu'il y a un Dieu. Elle est à la fois écrite et dans notre esprit et dans notre cœur. Dieu ne permet pas que nous le méconnaissions ou que nous l'oublions, en n'ayant pas permis à la prudence humaine de pouvoir se suffire à elle-même. Par-tout la sagesse des hommes trouve des bornes, et au-delà de ces bornes, elle ne voit qu'un abyme sans fond, si elle ne trouve pas Dieu et la foi des sermens. Sans lui nous flotterions dans une incertitude éternelle; sans lui nous verrions sans cesse s'écrouler l'édifice mal assuré de la société. Ma faiblesse, ma force, mes besoins, mon bonheur, mes calamités, mes craintes, mes incertitudes, mes espérances, tous les sentimens que j'éprouve, sont autant de voix qui m'appellent à cet Etre suprême. Je sens qu'il est le premier lien qui unit les hommes; sans lui, plus de confiance les uns pour les autres, et nous ne pouvons trouver aucun repos dans le monde. Il doit être le premier garant du pacte que nous avons fait en entrant en société, ce n'est que sur la foi de cette garantie, que je compte sur la foi de mes concitoyens. Si la justice humaine m'opprime, il me reste un consolateur, et mon innocence me rendra encore heureux au milieu
des

malheurs, si je puis appeller de la méchanceté ou de la sottise des hommes au tribunal de la sagesse divine.

Qu'elle existe cette république d'athées ! et si les citoyens lassés les uns des autres, ne se fuyent pas en se dispersant dans les pays voisins, ou ne se déchirent bientôt par leurs propres mains, j'ose vous prédire, Milord, qu'avant qu'il s'y élève une quatrième génération, (1) elle sera désabusée de ses erreurs. Fiez-vous-en au désir que nous avons d'être heureux ; il ne peut s'accommoder d'une philosophie qui en ne produisant que des maux toujours renaissans, ne donne même aucune consolation passagère. Je sais jusqu'où l'on peut aller par engagement de système, mais la vanité et l'entêment ont leurs bornes. Quelques athées répandus çà et là dans les grandes villes de l'Europe, peuvent, sans effort, rester attachés à leur doctrine. Leur vanité est satisfaite, ils croyent se faire remarquer par la hardiesse de leurs sentimens ; ils croyent que les sots les regardent comme des grands génies ; et vivans d'ailleurs dans des états religieux, leur doctrine leur paraît commode, et ils ne sont point inquiétés par les alarmes que leur inspireraient des citoyens sans morale. Mais dans la république de Bayle, il n'y aurait au contraire aucun mérite à être athée, et chacun craindra son concitoyen comme un méchant homme : on se lassera donc de cette situation. Après avoir tant publié que la su-

---

(1) Notre engouement n'a pas été si long ; après six mois ou environ de profession publique d'athéisme, un décret rendu sur le rapport de Robespierre, A FAIT A L'ÊTRE SUPRÊME L'HONNEUR DE LE RECONNAITRE.

C

perstition est la cause de tous les maux, on ouvrira malgré soi les yeux, on verra son erreur, on regrettera les préjugés des peuples voisins, et on commencera à voir avec moins de mépris, une doctrine favorable à l'ordre de la société, propre à unir les hommes par quelques vertus, et qui seule peut les consoler dans les adversités auxquelles leur condition les expose. D'abord on donnera des principes moins tranchans à la jeunesse. De l'athéisme on passera au déisme. Quelqu'enthousiaste répandra de ces fables qui flattent le goût naturel que nous avons pour le merveilleux, et les magistrats enfin, soit pour s'acquitter plus aisément de leurs devoirs, soit pour se rendre plus puissans à la faveur de la crédulité du peuple, favoriseront les progrès de la religion; et la république aura des dogmes, des prêtres et des cérémonies religieuses. (I)

Je suis ravi de votre prédiction, dit Milord, en interrompant notre Philosophe, et je la crois d'autant plus sûre, que l'athéisme, quoique prêché avec une extrême liberté par des hommes qui avaient beaucoup d'esprit, n'a jamais pu s'étendre au de-là de certaines bornes, et devenir la doctrine générale d'aucune nation. Malgré notre orgueil, nous sentons notre

___

(I) C'est où nous conduiront infailliblement les FÊTES DÉCADAIRES, si on les établit, et qu'on les lie, comme c'était le premier dessein, à des idées religieuses. Un SERMON, suivi d'un HYMNE A L'ÊTRE-SUPRÊME; voilà déjà un commencement de culte. On s'appercevra bientôt que cette ébauche est insuffisante; qu'il faut au peuple de l'action ou du spectacle, et de-là des CÉRÉMONIES, des TEMPLES, des PRÊTRES, etc. L'imagination des poètes invitée à s'exercer sur ce brillant sujet, ne tardera pas à y joindre une MYTHOLOGIE.

néant en admirant la grandeur et la beauté de l'univers; et notre faiblesse nous porte naturellement à chercher dans les cieux le maître de la terre. Plutôt que de ne rien adorer, nous éleverons des autels à un Jupiter, à une Vénus, à un Appollon, aux légumes de nos jardins, aux volailles de nos basses-cours. Mais enfin, puisque l'athéisme, si peu analogue à notre esprit et à notre cœur, ne sera jamais la doctrine que d'un petit nombre d'hommes, puisque les athées n'ont aucun intérêt d'étendre leur doctrine, je serais assez porté à croire qu'ils ne méritent pas que le législateur les traite avec une extrême sévérité.

Oui, répondit notre Philosophe, aussi ne demandai-je pas qu'on allume des buchers. Dieu n'a pas besoin de nous pour se venger; il saura punir l'impiété comme elle le mérite. Ainsi le législateur doit se borner à infliger les châtimens nécessaires pour intimider l'athéisme et l'empêcher de corrompre la société. Mais ne croyez pas, Milord, que malgré l'obscurité à laquelle cette funeste philosophie est condamnée, elle puisse se montrer sans danger. Voyez la Grèce, où tant de philosophes parlèrent de la divinité avec la plus grande licence, ils ne parvinrent pas à faire fermer les temples et briser les autels; mais en diminuant jusques dans le peuple même la crainte des dieux et le respect dû à des choses qu'il avait regardé comme sacrées; la religion qui avait regné sur le cœur, ne frappa plus les yeux que par un vain spectacle de cérémonies. Une carrière plus libre fut ouverte aux passions; en cessant de redouter les dieux, on apprit à tromper les hommes ; la foi des sermens fut sans force ; on viola les loix quand on espéra de pouvoir les violer impunément ; et les républiques familiarisées peu à peu avec tous les vices, tombèrent enfin dans cette corruption extrême qui causa leur ruine.

L'athéisme, il est vrai, n'infecte ordinairement que les citoyens les plus considérables de la république; mais ce sont eux qui décident de son sort; et leur conduite irrégulière, en mettant à la mode une certaine indifférence pour la religion, corrompt les citoyens mêmes qui ne pensent pas comme eux. Les hommes dont le cœur est le plus religieux, ne le font alors qu'avec mollesse, et si je puis parler ainsi, ils associent à leur religion les vices accrédités par l'athéisme. Il me semble qu'on peut distinguer dans les pauvres les vices qu'ils tiennent du luxe des riches, de ceux qu'ils doivent à leur pauvreté, et peut-être pourrait-on distinguer également dans les personnes religieuses les fautes qu'elles commettent par faiblesse, et celles qu'elles font, parce qu'elles vivent dans un tems où la religion est peu respectée.

Platon ordonne dans son traité des loix, que si on entend parler des dieux d'une manière impie, on en prenne la défense; et rien n'est plus sage. Il exige même qu'on en instruise les magistrats, pour qu'ils y remédient. Mais j'avoue que je ne puis approuver cette loi; j'ai une aversion secrette contre la délation, elle est basse, elle est odieuse, elle avilit les hommes, elle les rend suspects les uns aux autres ; et sous aucun prétexte, le législateur ne doit l'ordonner. Un mot échappé contre la religion, et qui ne suppose pas un dessein clair et formel d'attaquer la divinité et les principes de la morale, n'est jamais excusable, mais il serait injuste et cruel de punir comme un crime, ce qui peut n'être qu'une étourderie, ou le premier mouvement d'un esprit qui est vivement frappé d'une difficulté qu'il ne peut résoudre. Pour cet insensé qui dogmatise et travaille, soit en public, soit en secret, à se faire des complices ou des disciples, Platon le condamne à cinq ans de prison. Séparé, pendant tout ce tems, du commerce des citoyens, il ne doit voir que les magistrats chargés de l'éclairer, et de le faire rentrer en lui-même. Si après cette correction il n'est pas corigé, et continue à publier sa doctrine, le législateur n'a plus d'indulgence, Platon le condamne impitoyablement à la mort, (1) et ordonne que son cadavre, porté hors des terres de la république, soit jetté à la voirie. Cette sévérité me paraît outrée, et malgré mon respect pour le disciple de Socrate, je croirais sa loi plus sage, si elle se contentait d'enfermer un coupable incorrigible dans une prison perpétuelle.

____

(1) Rousseau est de même avis : « que si quelqu'un, après » avoir reconnu publiquement ces mêmes dogmes (l'exis- » tence de Dieu et une vie à venir) se conduit comme » ne les croyant pas, QU'IL SOIT PUNI DE MORT ; il a » commis le plus grand des crimes, il a menti devant les » loix ». Contrat social, liv. IV ch. VIII. Malgré l'autorité d'un philosophe que la convention nationale a mis au Panthéon, je souscris à l'opinion de Mably.

PARAGRAPHE II.

Nécessité d'un culte public.

EN m'apprenant qu'il y a un Dieu, qu'il est mon juge, et le dispensateur de tous les biens dont je jouis; ma raison m'apprend, continua notre Philosophe, que je dois le respecter, l'aimer, le craindre et lui offrir le tribut de ma reconnaissance; et c'est de ces sentimens réunis qu'est né chez tous les peuples le culte religieux qu'ils rendent à la divinité. Dans leur bonheur ou dans leur malheur, ils se sont rassemblés comme par instinct pour honorer Dieu par leur joie, ou pour implorer son secours par des prières et des sacrifices. Dire que ce culte doit être abandonné au zèle et à l'imagination des citoyens, et qu'il est inutile d'élever des temples et des autels, d'instituer des cérémonies et d'avoir des prêtres pour y présider; c'est une opinion aussi ridicule que dangereuse. Il suffit que les hommes ayent un devoir à remplir, pour que le législateur soit obligé de le soumettre à des règles certaines. (1) Je me croirais digne d'un châtiment sévère, si j'osais décrier un

---

(1) Mably est loin de penser qu'un Legislateur doive personnellement se rendre l'ordonnateur du culte; mais il pense que le culte ayant besoin d'être ordonné, le Législateur doit pourvoir à ce qu'il le soit par l'autorité compétante, et à ce que les règles en soient maintenues.

culte utile à mes concitoyens; ou si j'entreprenais de le détruire, je mériterais.....

Je vous entends, dit Milord, en interrompant notre Philosophe avec vivacité, mais ne pensez pas qu'après vous avoir abandonné sans regret les athées, pour en faire tout ce que vous voudrez, je vous permette de condamner les déistes à la prison. Quel est, je vous prie, leur crime? Des philosophes, qui reconnaissent dans l'Être suprême les mêmes attributs que vous, qui croyent que la providence gouverne l'univers, et que des récompenses ou des châtimens nous sont destinés dans une seconde vie, qui ordonnent en un mot d'obéir à Dieu en obéissant fidèlement à la raison qu'il nous a donnée pour nous servir de guide; quelles alarmes de pareils philosophes peuvent-ils donner à la République? Quelque grand que soit Dieu, j'ai l'orgueil de croire, pardonnez-moi ces expressions, que l'hommage de respect, d'amour et de reconnaissance que lui rendent des êtres raisonnnables dans le fond de leur cœur, peut ne lui être pas désagréable, mais pourrais-je penser qu'il attend de nous ces vaines cérémonies qui ne sont propres qu'à étouffer le véritable esprit de la religion, et qui sont inutiles à la société.

Je conviens avec vous, répartit notre Philosophe, qu'une religion toute métaphysique, en dégageant notre ame de nos sens pour l'élever jusqu'à Dieu, paraîtrait plus sublime, et me répondrait de la probité du citoyen qui la pratiquerait. Mais permettez-moi de vous demander si elle sera plus conforme à la nature des hommes. Nous ne sommes pas des anges. Si notre ame exerce un grand pouvoir sur notre corps, il est également certain que notre corps exerce à son tour un grand pouvoir sur notre ame; et c'est parce que leur action est réciproque, que je veux une religion qui, en nous élevant à des idées spirituelles, tienne cependant à un culte et à des cérémonies corporelles qui unissent les citoyens entre eux par des actions sensibles, et les disposent à n'avoir qu'un même esprit, et à remplir leurs devoirs mutuels. Vous attendez, Milord, de grandes choses de la religion rafinée des déistes, elle produira peut-être quelques sages; mais ce que je sais, à n'en pouvoir douter, c'est que si vous négligez de rappeller la multitude par un culte public, périodique et uniforme, à la pensée d'un Dieu juste, bienfaisant, qui gouverne le monde, et lit dans le fond de nos cœurs; vous verrez en quelque sorte tout sentiment de religion s'anéantir peu-à-peu, ou se défigurer de la manière la plus étrange.

Quand les sociétés, en se formant, auraient suivi avec la plus grande exactitude les intentions de la nature, quand elles auraient continué à se conformer à l'ordre dont je vous ai d'abord parlé, je doute qu'elles n'eussent pas eu besoin d'un culte public et régulier pour perpétuer leur bonheur. Mais nous, Milord, nous, accablés sous le poids des affaires que nous avons eu la sottise de nous faire, nous enivrés de nos plaisirs et de nos voluptés; nous, gouvernés, ou plutôt tyrannisés par des passions aussi injustes et aussi violentes que notre avarice et notre ambition; tandis que la terre est couverte d'une multitude innombrable d'hom.

mes condamnés à gagner à la sueur de leur front, le pain qui les nourrit ; sommes-nous faits pour porter métaphysiquement nos regards vers le ciel ? Pouvons-nous nous passer d'une religion qui, à des heures marquées et à des jours solemnels, nous rappelle dans des temples pour rafraîchir dans notre mémoire la crainte de Dieu et l'amour de nos devoirs ? il ne faut point se faire illusion, voyons les hommes tels qu'ils sont. Tandis que le culte public et les exercices journaliers de la religion ont si peu de pouvoir sur notre âme toujours distraite, comment peut-on espérer que votre déisme sera un frein capable d'arrêter les citoyens d'une république où tous les vices sont encouragés ? Il en est de la religion comme des loix civiles. Croyez-vous qu'il suffise de les publier pour qu'on y obéisse ? N'avons-nous pas besoin que des tribunaux nous avertissent continuellement qu'elles sont en vigueur ? Et comme les loix seraient inutiles sans les magistrats, la religion, loin de conserver son pouvoir, deviendrait une source de discorde, de haine et d'erreur, sans un culte autorisé, et sans des prêtres qui en régleraient l'ordre et les cérémonies.

C'est d'après ces considérations que si je conviens avec vous que la religion doit élever notre âme à des pensées sublimes et spirituelles, il faut que vous conveniez avec moi que pour être utile aux hommes, elle doit être accompagnée d'un culte sensible et public. Si vous n'admettez qu'une de ces deux vérités, vous tombez dans l'erreur, et c'est en les regardant toutes deux comme la regle des loix qui intéressent la religion, que le législateur ne s'égarera jamais.

Voulez-vous vous en rapporter à un grand homme qui a gouverné sa patrie dans les tems les plus difficiles, qu'on ne peut certainement pas accuser de superstition, et qui a étudié en philosophe, les réglemens les plus propres à faire fleurir une république? Je pense, dit-il, qu'il doit y avoir des temples dans les villes; et je ne puis adopter l'opinion des Mages de Perse, qui persuadèrent à Xercès de brûler les temples des Grecs, parce qu'ils renfermaient entre des murailles les dieux à qui tout doit être ouvert, et dont l'univers entier est le temple et la demeure. Les Grecs et nos peres, ajoute Cicéron, ont pensé plus sensément. Pour affermir la piété que nous devons aux dieux, ils ont voulu, en quelque sorte, les faire habiter parmi nous; et cette doctrine est avantageuse à la société; puisque, selon la remarque de Pythagore, la piété et la religion ne font jamais tant d'impression sur l'esprit, que lorsque nous sommes occupés du culte des dieux. C'est pour cela que Talès, le plus célèbre des sept sages de la Grèce, a dit que nous devons être persuadés que tout est plein des dieux; car ne les perdant point de vue, nous tâcherons de nous rendre plus dignes de leur protection.

Si je ne puis m'empêcher d'approuver le sentiment de tous ces sages, ne dois-je pas croire que c'est se rendre coupable, que de détruire ou d'ébranler seulement dans les citoyens, les motifs qui les portent à respecter le culte religieux qu'ils rendent à la divinité? Pourquoi fait-on consister aujourd'hui toute la philosophie à mépriser et haïr toutes les religions? Pourquoi déclame-t-on continuelement contre les cérémonies et les rites dont les hommes sont convenus pour marquer leur respect et leur reconnaissance à l'être suprême ? Il entre sans doute beaucoup d'ignorance dans cette conduite ; car la plûpart de nos philosophes ne sont guères que des espèces de beaux-esprits qui ne se donnent pas la peine de lier ensemble quelques idées. Ils ne prévoyent pas que le mépris des cérémonies doit conduire à l'oubli de Dieu. Plus ils se plaignent amèrement des préjugés religieux qui gouvernent le monde, plus ils devraient penser que les hommes, naturellement portés à la superstition, ont besoin qu'un culte fixe et certain les préserve de toutes les folies où leur imagination, leur ignorance, leur crainte, leur espérance et leur fanatisme les porteraient. Puisque la doctrine de ces prétendus philosophes produit un grand mal, Platon avait raison de les proscrire, et quand vous leur accorderiez, Milord, votre protection, je ne pourrais, en votre faveur, me dispenser de les séparer, pour quelque tems, de la société.

Tout hommage, disent souvent les déistes, est reçu, parce que Dieu qui nous juge sur nos intentions, n'exige pas que nous lui rendions un hommage digne de lui, mais tel que nous sommes capables de le rendre. Par quelle raison s'acharnent-ils donc à décrier une religion qu'ils ne croyent pas désagréable à Dieu, et qui est utile à leurs concitoyens ? S'ils ne peuvent dire le bien qu'ils se proposent, et si leur témérité est propre à porter le relâchement dans les mœurs et le trouble dans la société ; les loix ne sont-elles pas en droit de les réprimer.

Je vous l'avoue, Milord, n'est-ce pas une des plus grandes calamités de l'Europe, que cette licence avec laquelle on attaque ouvertement la religion qu'on y professe ? Je ne suis point théologien, mais quand cette religion serait aussi fausse que toutes les autres, n'est-il pas vrai que dans la situation actuelle des choses, c'est presque la seule règle de morale qu'ayent la plûpart des hommes, et que si elle leur manque, ils ne connaîtront plus aucun frein ? Que signifient donc toutes ces rapsodies impertinentes qu'on nous débite comme autant de leçons et de préceptes de philosophie ? Puisque nous n'avons point de déiste qui ne se compare modestement à Socrate, je voudrais au moins que tous ces petits messieurs songeassent à l'imiter. Ce sage, qui parlait de l'être suprême avec toute la dignité et la grandeur où peut atteindre l'esprit humain, vivait au milieu des superstitions les plus grossières. Le voyait-on insulter à la religion publique ? Invitait-il les Athéniens à fermer leurs temples et à briser leurs autels ? Pensez-vous que ce fut par son conseil qu'Alcibiade mutila les statues de Mercure ? Je crois bien qu'en raisonnant avec Platon ou quelqu'autre philosophe, il ne rejettait pas une plaisanterie qui se présentait à lui ; mais pour corriger le peuple de ses erreurs, il ne prit jamais le parti insensé de se déclarer l'ennemi de Jupiter ou de Minerve. Il ne déclamait pas contre les dieux d'Athènes, il se contentait de montrer la vérité, en parlant de la sagese et de tous les autres attributs de l'être suprême. Avant que d'abandonner le culte de Saturne, de Jupiter, d'Apollon, etc., et de renoncer à toutes ces fables que l'imagination des poëtes avait créées ; il voulait que les Grecs commençassent à connaître et respecter le Dieu que l'Univers doit adorer. Pour tout dire en un mot, il aimait, il chérissait dans ses concitoyens, le sentiment de piété qui les attachait à leurs pratiques superstitieuses, et il espérait d'en profiter pour leur faire embrasser sans scandale, sans trouble, sans danger pour les mœurs, une religion plus raisonnable.

Quoiqu'il en soit, tout déiste qui veut détruire les rites d'une religion pour ramener les hommes à un culte intérieur et purement spirituel, doit être contenu comme un visionnaire et un illuminé dont la doctrine ne convient pas à la société. Je vous laisse le soin de porter la loi que vous croirez la plus propre à le guérir ; mais songez qu'il vaut mieux lui faire prendre de l'ellébore que de la ciguë. La loi doit infliger une peine à l'impie qui insulte publiquement la Religion par des actions sacrilèges, et au déiste qui l'outrage et l'avilit par ses discours. Je crois que nous serons bientôt d'accord sur la nature de ce châtiment, car vous savez que je n'aime pas les législateurs barbares, et une retraite de quelques mois dans une prison peut suffire.

Nos pensées ou nos sentimens secrets ne doivent pas être soumis aux loix humaines, si vous ne voulez pas établir la tyrannie la plus révoltante. Que les hommes jugent les actions, Dieu seul juge les pensées. Mais si ce qu'on appelle philosophie, éclate publiquement et profane avec mépris le culte rendu à la divinité (1), vous devez être d'autant plus indulgent

____

(1) Nous avons une loi répressive de ce genre de délits, et je ne sache pas qu'on l'ait abrogée : C'est la loi du 22 juillet 1791 concernant la police correctionnelle, Art. XI.

que le public scandalisé et révolté montrera plus de zèle à venger la religion. S'il est tiède dans un pareil événement, s'il en plaisante, connaissez tout le danger dont vous êtes menacé, mais n'irritez pas le mal par une sevérité déplacée. Si vos loix sont trop sévères, vous inspirerez de la pitié pour le coupable et de l'indignation contre les magistrats et les ministres de la religion. D'abord, on ne vous obéira qu'à regret, et bientôt l'impunité augmentera le désordre que vous vouliez empêcher. Prévenez l'impiété pour n'être pas dans le cas de la punir. Cherchez alors par quels moyens vous pouvez rendre à la religion son ancienne digniré. Soyez plus attentif à la conservation des mœurs. Veillez avec plus de soin à ce que les athées et les déistes n'osent publier leur doctrine, et forcez tous les ministres de la religion, non pas à avoir un zèle amer et indiscret qui les ferait haïr, mais à prendre une conduite qui les fera respecter.

Quand un déiste sera enfermé pour avoir violé la loi du silence qui lui est imposée, qu'on n'oublie rien pour l'instruire et lui faire connaître sa faute. Les

----

» Ceux qui auraient OUTRAGÉ LES OBJETS D'UN CULTE
» QUELCONQUE, soit dans un lieu public, soit dans les
» lieux destinés à l'exercicede ce culte, ou ses ministres
» en fonctions, OU INTERROMPU PAR UN TROUBLE PU-
» BLIC LES CEREMONIES RELIGIEUSES DE QUELQUE CUL-
» TE QUE CE SOIT, seront condamnés à une amende qui
» ne pourra excéder 500 liv. et à un emprisonnement qui
» ne pourra excéder un an. L'amende sera toujours de 500
» liv., et l'emprisonnement de deux ans, en cas de réci-
» dive ». Art. XII « Les auteurs de ces délits pourront être
» saisis sur le champ et conduits devant le juge de paix ».
Combien de particuliers, de fonctionnaires publics, auraient
dû être punis aux termes de cette loi.

magistrats doivent prendre la liberté de lui représenter qu'il a été très-imprudent, et que son imprudence est très-funeste à la société. Si c'est pour faire du bruit et attirer sur lui l'attention du public, qu'il a répandu des opinions hardies; on lui fera voir le néant de la gloire et de la misérable célébrité qu'il se proposait. S'il prétend que l'amour de la vérité le transporte, et que sa grande ame ne peut s'empêcher de montrer l'erreur quand il l'apperçoit; vous le féliciterez d'être le martyr de la philosophie. S'il feint quelque scrupule de pratiquer une religion qu'il ne croit pas vraie, faites-lui sentir la différence qu'il y a entre un hypocrite qui se pare bassement d'un zèle menteur, et la sagesse d'un homme qui se contente de respecter une religion dont ses concitoyens ne peuvent se passer. Que le coupable ne recouvre sa liberté qu'en promettant de se conduire à l'avenir avec prudence et circonspection. N'exigez pas de lui une rétractation, vous seriez dupe, si vous y comptiez, et vous accorderiez à une action déshonorante une grace qui ne peut être accordée qu'à un repentir sincère. Une rechûte doit être punie par deux ou trois ans de prison. Si après cette longue correction, un déiste a toujours la même soif de la célébrité du martyr, il faudra bien enfin se résoudre à le traiter comme un athée.

Vous voyez, Milord, que je ne saurais approuver la loi de Ciceron qui veut qu'on punisse de mort celui qui ne sera pas soumis à la declaration par laquelle les augures auront décidé que telle chose est faite contre le droit, les auspices et les règles; ou celui qui aura dérobé par adresse ou pris de vive force quelque chose de sacré, ou un dépot mis dans un lieu saint. On ne saurait trop le répéter, la religion doit être humaine; et pour lui conserver sa dignité, ne suffit-il pas de séparer de la société celui qui a profané les choses saintes?

Vous m'ébranlez, dit Milord à notre Philosophe, mais vous ne m'avez pas entièrement convaincu. Je sens que les hommes doivent avoir des temples et un culte public; il en résulte sans doute de grands avantages, mais ces avantages ne sont-ils pas balancés par des inconvéniens à peu près égaux? Dès que la religion sera liée à des pratiques dont il ne sera pas permis de s'écarter, dès qu'il sera ordonné de les regarder comme sacrées; dès que les loix défendront d'examiner et de douter, soyez sûr qu'on ne sera pas loin de la superstition, et que la superstition détruira en peu de tems les principes de la morale. On attribuera quelque vertu sublime et mystérieuse à des pratiques qu'il ne faut considérer que comme des cérémonies. Rappellez-vous, je vous prie, quel pouvoir les Grecs et les Romains attachaient à leurs initiations. On pensait purifier son ame sans se repentir du passé, et sans se proposer d'être à l'avenir plus homme de bien. On croira que Dieu déterminé par notre hommage, va changer à notre gré l'ordre immuable de la nature; et au lieu de nous étudier à avoir de la prudence et du courage, on attendra froidement des succès qu'il eût fallu préparer. Prenez y garde, une superstition en entraîne toujours une autre à sa suite; et quelles misères ne sera-t-on pas enfin obligé de respecter?

On

On croira aux augures, aux songes de la nuit, aux jours heureux, aux jours malheureux, tout deviendra un signe de la volonté du ciel; et avec ces règles ridicules de conduite, que deviendra le genre humain, et à quoi lui servira sa raison?

Je ne m'en tiens pas-là, et sans vous parler de toutes les erreurs que des religions insensées ont répandues dans le monde, j'ajoute, poursuivit Milord, qu'en condamnant la philosophie au silence, vous favorisez les abus que nos passions doivent introduire dans la religion même la plus sainte et la plus respectable. Ses ministres, après tout, ne seront que des hommes. Vivant au milieu de nos vices qu'ils ne pourront corriger, parce que toutes les institutions politiques excitent notre avarice et notre ambition, auront-ils long-temps le courage de résister à la tentation de nous imiter. S'ils commencent une fois à ne pas mieux valoir que nous, les règles de la morale ne commenceront-elles pas à se courber entre leurs mains? Rappellez-vous ce que Pascal reproche à des casuistes, qui, avec leur *Probabilité* et leur *direction d'intention*, enseignent l'art de pécher saintement; ou qui pour se rendre commodes et agréables, substituent aux devoirs les plus essentiels les pratiques les moins gênantes et les plus inutiles. Soyez sûr que ces faux docteurs se serviront du respect dû à la religion pour faire respecter leurs erreurs; et dès-lors les superstitions les plus dangereuses n'infecteront-elles pas la société?

On imaginera cent manières différentes d'être à la fois religieux et mal-honnête homme. Ne me dites point que je cherche à m'inquiéter en prévoyant des malheurs chimériques. J'en appellerais à l'histoire de l'Europe entière. Quel est le pays, pendant que la raison nous ordonne de nous aimer, où les hommes ne se sont pas haïs et persécutés, parce qu'ils adorent Dieu d'une manière différente? Combien de fois la superstition n'a-t-elle pas voulu nous persuader que Dieu est cruel et avare? Combien de guerres l'ambition des prêtres n'a-t-elle pas allumées? Combien!...

Fort bien, Milord, reprit notre Philosophe, vous êtes en train de rapporter la chronique scandaleuse des Ecclésiastiques, et quoique je fusse charmé, en qualité de bon Protestant, de vous entendre raconter en détail tous les abus qui excitèrent enfin la révolte de Luther et de Calvin contre le Pape et son Clergé, permettez-moi de vous interrompre, et de vous faire remarquer que tout ce que vous pourriez dire des vices des prêtres, ne prouve rien contre la nécessité d'un culte public et d'une religion. Mais avant que d'en venir-là, il faut répondre à toutes vos objections, et je vais les suivre dans l'ordre que vous les avez proposées.

Vous avez donc peur que l'usage des prières et la confiance que nous avons dans les secours de Dieu, ne nous jette dans une apathie grossière? Rassurez-vous. N'est-il pas sûr que l'espérance d'un bien que nous desirons, nous élève le courage, et nous rend, pour ainsi dire, supérieurs à nous-mêmes? Pourquoi donc l'homme religieux qui implore la divinité, qui l'associe à ses entreprises, et qui a une espérance vive de réussir avec son secours, tomberait-il dans une lâche et nonchalante pusillanimité? C'est le philosophe froidement persuadé qu'il n'est que le jouet d'une fatalité aveugle , ou qui connaît l'incertitude des choses humaines, qui doit rester engourdi au milieu des événemens, ou éprouver une sorte de timidité stupide. Plus on fait de sacrifices et de prières à Dieu , plus l'ame acquiert de cette chaleur qui développe et multiplie les talens, les ressources et les moyens de réussir. Je n'en veux point d'autre preuve que l'attention des Romains à mettre les Dieux dans leurs intérêts.

Il est fort ridicule, j'en conviens , de croire aux augures, aux songes, aux sorts, aux oracles; cependant je ne puis m'empêcher d'avoir quelque indulgence pour ces niaiseries qui s'associent , je ne sais comment, avec de grandes qualités que je chercherais inutilement dans ces philosophes verbiageux qu'on rencontre par-tout. je voudrais bien savoir si la République de Bayle , quand Messieurs tels et tels seraient ses consuls et ses tribuns , se conduirait avec cette supériorité de prudence et de courage qu'on ne cessera jamais d'admirer dans les Romains. Ils étaient cependant assez sots pour ne rien entreprendre sans consulter auparavant le vol des oiseaux. Leurs poulets sacrés qui devaient avoir appetit pour qu'on osât livrer bataille , ne les empêchèrent pas de prendre les mesures les plus efficaces pour parvenir au but que se proposait leur ambition. Quoique Sylla ait écrit dans ses mémoires qu'un général doit être fidèle à exécuter les choses dont il est averti en songe, n'est-il pas mis au rang des plus grands capitaines ? Sa conduite n'offre-t-elle que les délires d'un cerveau appesanti par le sommeil et troublé par la superstition. Qu'importe qu'on croye à des jours heureux ou malheureux? Cent sots n'y croyent point, et font cependant tous les jours cent sottises; tandis que des hommes de génie entêtés de quelques erreurs superstitieuses, sont sages et prudens. Du tems d'Aristide, de Thémistocle et de Cimon, les Grecs consultaient scrupuleusement l'oracle d'Apollon, avant que de former leurs entreprises, firent-ils alors de moins grandes choses que quand des philosophes leur eurent appris à dédaigner les trépieds de Delphes?

Si je me trompe, il faut distinguer deux sortes de superstitions. L'une, telle que celle des augures, des entrailles des victimes et des poulets sacrés des Romains, trompe l'esprit, mais ne les jette dans aucune erreur préjudiciable à la société. L'autre, en attribuant à de certaines pratiques la vertu de nous purifier et de nous rendre agréables à la divinité, nous écarte des règles de la morale, et nous fait négliger tous nos devoirs. Il arrive alors que la religion qui doit nous porter au bien par les motifs les plus puissants, nous en détourne au contraire, et nous jette dans le relâchement. Mais l'abus que les passions des prêtres font de la religion et de la crédulité populaire, n'est point la religion. Si la religion dégénère en superstition, ce n'est pas moins la faute du Législateur, que si le gouvernement tombe dans l'anarchie, ou devient tyrannique. Dès que je vois un de ces deux excès dans la République, je m'en prends aux loix qui n'ont pas eu l'art d'établir de telle façon les magistratures, que ni les magistrats ne pussent abuser de leur pouvoir, ni les citoyens de leur liberté. De même, quand je découvre des pratiques superstitieuses dans une religion, j'accuse le Législateur de négligence. Je lui reproche de n'avoir pas été assez en garde contre les passions des prêtres. Pourquoi, lui dirai-je, n'avez-vous pas contenu les ministres de la religion dans leur devoir? Pourquoi avez-vous permis qu'ils oubliassent leurs propres règles? Pourquoi ne vous êtes-vous pas defié de leur avarice et de leur ambition? Pourquoi n'avez-vous pas été attentif à conserver les principes de la morale dans leur pureté? Mais comme les abus d'un gouvernement ne doivent point faire dissoudre la société, ceux de la religion ne doivent pas faire renoncer à un culte public.

Il faut établir, Milord, une alliance étroite entre la religion et la philosophie. Quelle alliance, me direz-vous? Est-elle possible? Oui, elle est possible, et même elle serait très-aisée, si les prêtres et les philosophes ne vous trompaient pas, quand ils disent qu'ils aiment la vérité et notre bonheur. Voilà un intérêt commun qui doit les réunir; et j'entreprendrais avec empressement cette négociation, si j'étais persuadé que les puissances belligérantes parlassent avec sincérité, et voulussent la paix. Par malheur, l'amour de la vertu et du bien de la société ne sont plus que de grands mots que les hommes profanent, et avec lesquels ils tâchent de se tromper. La vraie philosophie est aussi rare que le vrai esprit de la religion; la charlatanerie s'est glissée par-tout; et c'est ce qui fait qu'avec tant de prêtres et de philosophes tout va si mal dans ce monde. Je ne désespérerais pas cependant de leur alliance, ou du moins de les voir vivre sans dissention, si un législateur avait la sagesse de porter les loix qu'on est en droit d'attendre de lui.

PARAGRAPHE III.

Loix nécessaires pour maintenir la Religion dans sa pureté, et empêcher qu'elle ne dégénère en superstition ou en fanatisme.

JE serais assez curieux, dit Milord en souriant, de connaître ces loix ; car, à entendre les reproches que les prêtres et les philosophes se font depuis si long-tems, on serait tenté de croire que leur haine est irréconciliable ; vous me rappellez je ne sais quel Préteur Romain dont j'ai oublié le nom, et qui commandait dans la Grèce. Étourdi et scandalisé des disputes éternelles des philosophes, il leur offrit sa médiation pour faire la paix, et promit de défendre de toutes ses forces les vérités dont on serait convenu. La Grèce et Rome rirent de la bonhommie du Préteur, il ne réussit pas ; et je craindrais que vous n'eussiez pas aujourd'hui un succès plus heureux dans l'entreprise que vous croyez aisée. Peut-être que vous proposerez des loix qui formeraient en effet une alliance entre les prêtres et les philosophes, si on y obéissait; mais on n'y obéira pas. Vous aurez beau marquer les limites respectives de la religion et de la philosophie, et défendre de les passer sous les peines les plus sévères, on les passera. Attendez-vous des deux côtés à des hostilités et à des incursions. L'envie de dominer sur les esprits, sans parler du reste, n'est pas une passion dont il soit facile de corriger les hommes; et quand ils sont résolus à se haïr, ils ne manquent jamais des raisons les plus spécieuses pour colorer leurs injustices.

Vous avez raison, répondit notre Philosophe, et je n'oserais rien espérer, si dans cette grande affaire, je me comportais comme de certains négociateurs qui croient qu'il suffit de signer un traité pour faire une paix solide; ou comme de certains législateurs qui pensent qu'un abus est réprimé, quand ils ont porté une loi pour les proscrire. Mais avec votre permission, il me semble que je procéderais différemment. Vous n'avez peut-être pas remarqué que dans tout le cours de notre entretien, j'ai regardé comme le fondement d'une bonne législation, le soin d'un Législateur à connaître ses devoirs et à se prescrire des règles à lui-même. Avant donc que d'intimer mes ordres aux ministres de la religion, je commencerais par me convaincre que je dois me borner à rendre les hommes heureux dans ce monde, et à regarder la religion comme le lien des citoyens, et comme le garant de leur probité.

En effet, Milord, si je veux faire l'apôtre au lieu d'être législateur, n'y a-t-il pas mille à parier contre un, que confondant des idées différentes, et aveuglé par un zèle indiscret, je négligerai les choses de cette vie? J'abuserai bientôt de mon pouvoir pour accréditer ma doctrine et mes opinions; je croirai que je réponds de l'ame de mes concitoyens; par amour pour eux, je les forcerai à faire leur salut à ma manière, je présiderai à des conciles; j'entreprendrai de régler les dogmes et les cérémonies de la religion. Que résultera-t-il de ce fanatisme? Je révolterai les consciences, je me rendrai odieux; pour intimider mes ennemis et me faire des partisans, il faudra répandre d'une main les châtimens, et de l'autre les faveurs, c'est-à-dire, que je ferai des hypocrites, des parjures; que j'accréditerai pieusement la plûpart des vices que j'aurais dû détruire avec le secours de la religion. Ce ne sont pas-là les seuls inconvéniens que je crains. Dès que j'aurai fait une ligue avec les prêtres pour contraindre les esprits, au lieu de persuader, je ne tarderai pas à obéir à toutes leurs passions. Comme j'aurai cessé d'être législateur pour devenir théologien, ils cesseront de leur côté d'être théologiens pour devenir législateurs. La religion méprisée par ses ministres mêmes, ne sera plus un frein pour les citoyens. Les prêtres abuseront de leur crédit et de ma faiblesse: bientôt ils seront assez hardis pour demander les loix les plus favorables à leur avarice et à leur ambition, et moi assez imbécille pour me croire sacrilège si je ne leur obéis pas. La religion dégénérera alors en superstition. Si des gens sensés réclament les droits de la vérité et crient à l'abus, il faudra les punir comme des impies; vous verrez enfin se former des intrigues, des cabales, des partis; les cruautés les violences, les fraudes seront appellées pieuses ; et un état tourmenté par tous les vices que la supertition et le fanatisme traînent à leur suite, éprouvera les plus grands malheurs.

Je ne fais, Milord, que vous montrer bien imparfaitement la marche, l'ordre et les progrès des passions humaines et de leur abus ; mais s'il était nécessaire, il me serait bien facile de vous démontrer l'injustice des reproches que les athées et les déistes font à notre religion. Quelle absurdité d'accuser une doctrine qui ne prêche que l'union, l'ordre, la paix, la bienfaisance et la charité, d'avoir produit tous les maux qui sont l'ouvrage du fanatisme ! Je vous abandonne les prêtres, car ils sont hommes et capables par conséquent des plus grands excès ; et je vous prie d'observer attentivement dans toutes les histoires, si la corruption du sacerdoce n'a pas pris son origine dans la faute qu'ont faite les législateurs de ne pas se borner à rendre les hommes heureux dans ce monde. Pour moi, je crois avoir remarqué que le vrai moyen de ne tirer aucun avantage de la religion, et de corrompre sa morale, c'est d'avoir donné aux prêtres une autorité temporelle. Il se fait alors un mélange de la religion et de la politique ; et elles se dénaturent et se corrompent mutuellement. L'histoire ancienne et l'histoire moderne ne prouvent que trop cette triste vérité. Que le Législateur, en se bornant à nous rendre heureux dans ce monde, force donc les ministres de la religion à ne s'occuper que de l'autre : qu'il y ait donc des loix fondamentales qui tiennent toujours séparées les choses temporelles et les choses spirituelles.

C'était une mauvaise loi que celle qui accordait aux Augures une si grande autorité dans l'administration de la République Romaine. Si le vol des oiseaux et les entrailles des victimes ne leur paraissaient pas favorables, ils séparaient les Comices, quelque fût le magistrat qui les eût assemblés; ils annullaient les actes et les loix que ces assemblées avaient portés; ils ordonnaient aux consuls d'abdiquer leur magistrature, et décidaient, ajoute Cicéron, de tout ce qui se faisait au-dedans et au-dehors. C'était leur donner une considération politique, et ils ne devaient avoir qu'une considération religieuse, c'est-à-dire, que les ministres de la religion doivent être respectés par leurs vertus et leur doctrine, et non par l'autorité dont ils jouissent. Cette loi devait soumettre les Romains aux Augures, comme les Gaulois le furent à leurs Druïdes; elle devait déranger l'ordre de leur haute destinée. Si elle ne produisit aucun mal, si elle fut même utile à la République, c'est que les Augures ne formant point un ordre distingué du reste des citoyens, n'avaient point d'autre intérêt que celui des patriciens, et ne pouvaient en défendre et protéger les prérogatives, qu'autant qu'ils n'abuseraient pas de leur divination, pour exiger du peuple des sacrifices incompatibles avec son amour extrême pour la liberté. C'est que dans une République qui avait des mœurs, et où l'on aimait, malgré la fureur des partis, la gloire et sa patrie, leur qualité de citoyen contenait leur pouvoir d'Augure; c'est qu'ils craignaient les dieux, étaient pauvres et avaient cette heureuse simplicité qui accompagne la témpérance.

Si les augures ne s'emparèrent pas du gouvernement, ou du moins ne le troublèrent pas par leurs intrigues, quand il fut corrompu par ses victoires; ne l'attribuez qu'aux passions des Romains qui étaient alors remués par de trop grands objets d'avarice et d'ambition, pour craindre encore les Dieux, respecter la religion, et laisser à ses ministres quelque crédit. Quand un augure, selon l'expression d'un ancien, ne pouvait rencontrer un autre augure sans rire; quand il n'y avait plus à Rome que quelques vieilles femmes qui crussent à Pluton, aux furies et aux enfers; ce tems n'était-il pas bien favorable aux augures pour avoir de l'ambition, et gouverner la république. Ainsi Rome n'échappa d'abord à la tyrannie des prêtres que par des accidens qui ne pouvaient toujours subsister, et ensuite, par des vices qui la précipitèrent sous le joug de ses généraux.

Quelque ferme résolution, continua notre Philosophe, que le législateur ait prise, de ne laisser aux prêtres aucune administration politique, pour conserver à la religion sa pureté et la confiance des citoyens; jamais il ne réussira dans son entreprise, s'il n'affermit l'ordre, et ne prend des mesures pour forcer sans violence les ministres de la religion à se contenter d'une fortune qui peut s'allier avec de bonnes mœurs. Vous savez ce que les gens de bien et les savans qui regrètent les premiers siècles de l'église, ont dit du pouvoir des richesses et de la corruption qui les accompagnent; voilà la source du mal, et c'est-là qu'il faut remonter. L'état doit pourvoir à la subsistance des prêtres ; mais il doit y pourvoir avec modestie. Qu'ils ayent des salaires, comme en Hollande, et non pas des domaines comme en Allemagne et en France (1) : de petites terres donneraient envie d'en avoir de grandes, et de grandes terres corrompent leurs possesseurs. Si le prêtre manque des choses dont un homme frugal et tempérant ne peut se passer, vous l'avilissez. S'ils manquent du nécessaire, ils se plaindront de leur sort, ils voudront le changer, ils se serviront de la religion en intrigans. S'ils ne réussissent pas, on aura pour eux le mépris qu'on a pour des pauvres qui estiment les richesses, et qui font des efforts inutiles pour s'enrichir. S'ils réussissent, les temples seront infectés par l'avarice, et vous y trouverez bientôt tous les vices qui accompagnent les richesses, le luxe et l'oisiveté.

Ce n'est point sans raison que les philosophes les plus sages de l'antiquité voulaient bannir les richesses des temples, et y substituer une simplicité auguste. Dieu n'a que faire, dit Cicéron, de notre faste, et c'est par les sentimens de notre cœur qu'il nous juge. Peut-il souffrir qu'en exigeant de riches offrandes, on ferme l'entrée de ses temples aux pauvres : les impies, ajoute-t-il, n'ont qu'à écouter Platon, pour apprendre combien ils sont insensés de prétendre

____

(1) Nous ne demandions point de secours au gouvernement ; nous ne lui demandions que la liberté…. O opprobre de la philosophie ! nous sommes réduits à demander la liberté de conscience, à la fin du dix-huitième siècle ; et l'on nous refuserait ! Non, la convention a juré de maintenir les droits de l'homme.

appaiser les dieux par des présens ; ce philosophe leur demande si Dieu est moins foible et moins généreux que les gens de bien qui rejettent les bienfaits des méchans. L'or et l'argent, dit encore Platon, ne sont point employés impunément à la décoration des temples. L'ivoire qu'on tire d'un vil cadavre, ne paraît pas un présent assez pur pour être offert aux dieux, et l'airain et le fer conviennent plus aux usages de la guerre qu'au service des temples. Si on veut dédier une statue de bois, ou de pierre, qu'elle soit toute de la même matière. Ne donnez aux dieux que des vêtemens faits sans art , et réservez les étoffes teintes pour les enseignes militaires : en un mot, que toutes vos offrandes soient simples, mais présentées par des mains pures.

Les prêtres voudront avoir des richesses et des palais, et quoique vous puissiez faire, ils les auront si les temples sont riches et somptueux. (1) En effet, Milord, on ne peut se déguiser que les libéralités indiscrettes des premiers chrétiens n'ayent corrompu les mœurs de leurs pasteurs ; les charités des uns devinrent un piège pour la vertu des autres. Au milieu de l'or et de l'argent dont les ecclésiastiques étaient les dépositaires et les dispensateurs, ils commencèrent à s'appercevoir qu'ils ne possédaient rien, et ils se dégoûtèrent de leur pauvreté. Ils se persuadèrent, tant les passions sont propres à faire il-

____

(1) Je laisse à penser si nos temples, sur-tout après les demandes successivement faites d'or, d'argent, de cuivre etc., pour les besoins de la guerre, prés n'aient rien de trop SOMPTUEUX. Mais cela ne suffisait pas ; on voulait les détruire.

lusion, que Dieu vend ses graces et ses faveurs, et que les dons qu'on faisait à ses ministres lui étaient agréables. Ils eurent un patrimoine, et l'église déjà trop riche pour conserver son ancienne simplicité, quand Constantin la fit triompher, touchait au moment où elle allait perdre la plûpart de ses vertus. Après avoir acquis des richesses, on voulut acquérir du pouvoir; et on ne se servit des richesses et du pouvoir que pour troubler le monde entier. Les évêques fréquentèrent les cours, et au lieu d'y répandre quelques vertus, ils y prirent eux-mêmes les vices des courtisans. Il n'était plus tems pour le législateur de les arrêter par ses lois; ils s'étaient soustraits à son autorité, et on devait s'attendre que formant un ordre indépendant et séparé de la société, ils ne songeraient qu'à l'asservir. Il est juste que les prêtres soient juges souverains dans les choses qui regardent la religion, mais il est pernicieux que leur personne ne reste pas soumise aux lois civiles. En leur laissant des richesses et des honneurs qui les forçaient à être avares et ambitieux, il était impossible qu'ils renonçassent à leur avarice et à leur ambition.

Ces deux passions, Milord, ont fait les mêmes playes à la religion qu'elles ont faites à la société. Je ne me contenterais donc pas, dans ma nouvelle république, de borner la fortune des ministres de la religion; je diminuerais leur nombre (1) autant que peuvent le permettre

______

(1) Voilà encore ce que la révolution avait opéré. On n'avait conservé dans le clergé que les membres qui avaient des FONCTIONS, et l'on avait borné ces fonctions à celles qui étaient NECESSAIRES.

leurs fonctions afin qu'ils sentissent leur faiblesse et ne formassent pas des projets trop hardis. En établissant entre eux la subordination la plus exacte, je les rapprocherais, autant qu'il me serait possible, de l'égalité la plus parfaite (1). Le clergé de Hollande me paraît établi sur les plus sages principes. Que voulez-vous attendre de vos lords spirituels ? ils jouissent d'une dignité trop éminente dans leur ordre. C'est encore pis dans l'eglise romaine ; le sacerdoce y est à la fois et trop puissant et trop avili pour que la religion soit respectée comme elle doit l'être.

Tant que les prêtres feront considérer leur doctrine par la sagesse de leurs mœurs et de leur conduite, vous sentez, Milord, que la religion ne peut être exposée à aucune injure ; car l'envie et la jalousie ne lui feront point d'ennemis. Des hommes qui ne la regardent aujourd'hui que comme une invention humaine, n'oseraient l'offenser, quand même le législateur n'aurait porté aucune loi contre les impies. La crainte seule de révolter les esprits et de se rendre odieux, les retiendrait dans le devoir. Mais dès que des prêtres profanes incommoderont la société par des prétentions injustes, par leur avarice, leur luxe, leur faste, leur oisiveté et leur gentillesse ; dès que ne valant pas mieux que nous, ils nous choqueront également, et par leur indulgence relâchée, et par l'amertume de leur zèle, comment sera-t-il possible d'établir une sorte d'ailliance entre la religion et la philosophie ? Tant qu'on aura du bon sens, on sera indigné et scandalisé, et com-

___

(1) Encore un bien que la révolution avait produit : Pourquoi ne s'en être pas contenté ?

ment empêchera-t-on de tourner en ridicule des hommes qui ordonnent, au nom de dieu, d'avoir des vertus dont ils ont un soin extrême de se préserver ? Quand leur conduite les aura rendus méprisables, il n'y aura qu'un public hébêté et stupide qui puisse les respecter, et si le public est hébêté et stupide, la république n'est-elle pas perdue ? S'il reste quelque lumière, il ne tardera pas à s'élever des hommes irréligieux qui auront l'audace d'attaquer la religion même, et de persuader aux personnes peu attentives que les vices des prêtres appartiennent à la réligion ; on dira qu'elle ne peut faire que du mal, parce que ses ministres sont devenus incapables de faire du bien.

Pour faciliter l'accord de la religion et de la philosophie, j'ai encore quelques mesures à prendre, et je vous avertis que la religion sera obscurcie et défigurée par des superstitions insensées, si la société à laquelle vous donnez des lois, ne cultive pas sa raison, et néglige de s'instruire par l'étude du droit naturel et de la morale dont nous parlions il n'y a qu'un instant. Si les laïques sont ignorans, le clergé sera tenté d'abuser de ses connaissances, et bientôt il ne se donnera pas la peine nécessaire pour devenir savant ; l'ignorance va règner, et avec quelle facilité les pratiques les plus indifférentes, les plus puériles et les plus superstitieuses ne prennent-elles pas alors la place des devoirs les plus essentiels ? c'est alors que pour satisfaire leur avarice et leur ambition, des prêtres oseront vous dire que dieu aime l'argent, et lui prêter leur colère, leur haine et leur emportement ; rien n'est plus aisé que de se persuader ce qu'on a intérêt de croire ; et bientôt des vices

qu'on

qu'on appellera des beaux noms de charité et de zèle, résisteront à toute la force des lois.

Voyez avec quelle facilité tout s'altère et se corrompt dans l'ignorance ; elle change en quelque sorte la nature des choses, et je ne vous en citerai qu'un exemple, mais bien propre à vous faire sentir l'importance de la vérité que je vous propose. C'était sans doute bien fait d'autoriser la piété qui portait les fidèles à visiter les tombeaux des saints ; car il est naturel que s'occupant des vertus des hommes célèbres dont ils allaient honorer les reliques, ils conçussent un desir plus vif de les imiter. Ces sortes de pélérinages produisirent un effet salutaire, tant qu'on les fit dans l'esprit qui les avait établis ; mais la ferveur des fidèles diminuant enfin de jour en jour, on ne jugea pas que ces pélérinages devenaient plus rares parce qu'on était moins pieux, mais qu'on était moins pieux parce qu'ils étaient moins fréquens. Des ecclésiastiques, peut-être zélés, vraisemblablement interessés, mais sûrement ignorans, travaillèrent donc à ranimer la foi des fidèles : ils songèrent à les tromper pour leur bien ; on ne parla plus que des miracles qui s'opéraient sur les tombeaux des saints, et sans qu'on s'en apperçut, on prêtait à la religion le secours du mensonge. Cette ferveur ne fut encore que passagère, car il n'y a que la vérité dont on ne se lasse jamais ; et pour ranimer la piété, il fallut donc enseigner qu'avec le secours de ces pélérinages on obtenait la rémission de tous ses péchés.

L'ignorance qui avait établi ce beau principe, ne manqua pas d'en conclure que, si les tombeaux des saints avaient le privilege de purifier les ames, la terre sainte devait avoir une vertu bien plus efficace et plus étendue. Voilà donc les voyages d'outre-mer à la mode, et les prêtres les ordonnerent comme les médecins ordonnent aujourd'hui les eaux de Spa et de Barege. De ce qu'il était si utile pour le salut d'aller visiter les lieux saints, on en conclut assez naturellement qu'il serait encore plus méritoire d'en chasser les infidèles qui les profanaient. Voilà donc la folie des croisades établie, et tous les principes du droit des gens et des nations anéantis. Mais ne croyez pas qu'on s'en tienne-là ; plus l'erreur à laquelle on s'abandonne est grande, plus les conséquences qu'on en tirera seront nombreuses. Puisqu'on efface les plus grands péchés en répandant le sang des infidèles, pourquoi la guerre contre les hérétiques ne serait-elle pas agréable à dieu ? pourquoi ne les dépouillerait-on pas de leurs biens ? pourquoi les princes suspects d'hérésie resteraient-ils tranquillement sur leur trône ? Si les ecclésiastiques peuvent faire la guerre, pourquoi ne pourraient-ils pas faire des conquêtes ? Puisque tout appartient à dieu, pourquoi ceux qui le représentent, ne seraient-ils pas les maîtres de tout ?

Mais si l'ignorance avilit et dégrade la religion, il y a, Milord, une science qui ne lui est pas moins funeste. Il fallait que les hommes qui ont établi des chaires et des docteurs en théologie, ignorassent parfaitement la nature de notre cœur et de notre esprit. Ils ne connaissaient pas sans doute notre curiosité, notre présomption, notre audace, notre vanité, ni combien il nous paraît doux de regner sur les opinions. La religion ne peut être enseignée avec trop de simplicité, et comment a-t-on pu se flatter qu'en établissant des disputes réglées entre les théologiens, on parviendrait à faire triompher la vérité, et n'établir qu'une même doctrine? La véritable science de la religion consiste à connaître ses dogmes et ses rites, et à les transmettre à ses enfans comme on les a reçus de ses peres (1). Dès que vous permettrez aux théologiens de ne s'en pas tenir aux leçons d'un simple cathéchisme, soyez sûr que toutes les lois que vous ferez pour rendre utiles leurs controverses, ne produiront que des querelles dangereuses. Malgré vous, vos théologiens se diviseront, ils se haïront, ils se persécuteront ponr la grande gloire de dieu, ils se rendront mutuellement méprisables, et tandis que leurs argumens troubleront le monde, il ne pourra plus y avoir aucune union entre la religion et la philosophie. Plus les docteurs seront divisés, plus la foi des gens d'esprit s'affaiblira ; il se formera des incrédules, et ils profiteront des divisions des théologiens pour oser se montrer.

Ciceron veut dans son traité des loix que personne n'ait des dieux à part, soit nouveaux, soit étrangers, pour leur rendre un culte particulier, à moins qu'ils n'ayent été autentiquement reconnus. Il a raison ; car selon sa remarque, ces dieux et ces cérémonies inconnues qui ne sont avouées ni des prêtres ni du sénat, doivent produire beaucoup de confusion dans le culte, et rendront inutile un des ressorts les plus puissans de la société. Il défend encore qu'on ne

______

(1) La révolution avait mis les choses précisément sur ce pied-là. Les chaires de théologie étaient supprimées ; et l'enseignement, confié aux seuls pasteurs, allait se trouver réduit à cette forme SIMPLE, positive, non-contentieuse, que désiraient les bons esprits, et qui était véritablement celle des premiers siecles.

puisse vaqner à des sacrifices particuliers sans y appeller les ministres publics de la religion. Le motif qu'il en donne, c'est que n'y ayant aucune sorte de religion, si elle est raisonnable, qui ne soit relative à quelque collège de prêtres publics, on ne doit point craindre d'y employer leur ministere. Ne pourrait-on pas ajouter qu'il serait dangereux de souffrir dans la république des prêtres inconnus et clandestins, puis qu'ils pourraient se soustraire à la censure des loix et à la vigilance des magistrats, et faire des fanatiques et des illuminés ? D'ailleurs, les prêtres anciens, voyant diminuer leur considération par ces intrus, s'acquitteraient avec moins de zele de leur devoir ; on abuserait de leur crédit pour persécuter les partisans du culte nouveau. En effet, une religion, telle que celle des anciens Romains, a beau être tolérante par sa nature, les prêtres ne souffriront jamais patiemment qu'un nouveau dieu vienne leur débaucher leurs dévots ; c'est à quoi le législateur doit pourvoir, et c'est en ménageant cette faiblesse de l'humanité qu'on prévient les troubles.

Je dis donc que le gouvernement doit être intolérant ; mais ne soyez pas effrayé, Milord, de cette expression ; par l'intolérance, je n'entends qu'une extrême attention à empêcher que la religion ne s'altère, ou qu'il ne s'en forme une nouvelle : et tout le monde sait, à l'exception de nos philosophes beaux-esprits, que les romains eurent cette intolérance, tant que leur république fut bien gouvernée ; mais une religion nouvelle s'est-elle formée ? Je dirai alors avec l'auteur de l'*Esprit des Loix*, qu'il n'est

plus temps de la proscrire, et qu'il faut la tolérer.
Si c'est une superstition qui puisse être dangereuse,
ne lui opposez que la douceur, ses abus mêmes éclai-
reront enfin les esprits, et des lois trop sévères les
attacheraient plus fortement à leurs erreurs. Si vous
êtes assez mal-habile pour faire plaindre les novateurs,
s'ils peuvent passer pour martyrs, vous augmenterez
le nombre de leurs partisans. Quel avantage d'ailleurs
trouvera-t-on à forcer des citoyens de trahir leur
religion ? Des hommes qui n'obéissent pas à leur
conscience, obéiront-ils fidèlement aux lois ? Au lieu
de proscrire des malheureux qui s'égarent, voyez
par quels moyens vous pouvez vous associer une
nouvelle religion et lui faire aimer le gouvernement.
Si vous m'ôtez quelqu'un des droits qui m'appartiennent comme citoyen, j'aurai lieu de me plaindre;
je me méfierai de vous, parce que je croirai que
vous vous méfiez de moi; je me rendrai vraisemblablement coupable, parce que je verrai que vous me
regarderez déjà comme tel. Dès qu'un législateur est
assez éclairé pour me tolérer, il doit m'accorder tout
ce qui ne blesse pas les bonnes mœurs et les principes du gouvernement. Il doit protéger la nouvelle
religion aussi sincèrement que l'ancienne (1); s'il ne le

____

(1) Les loix nouvelles, sur cet article important, ne
laissent rien à désirer. Tous les individus, quelque fût leur
culte, Juifs, Luthériens, Calvinistes, etc., étaient mis
de niveau avec les Catholiques, et investis comme eux de
la plénitude des droits du citoyen. On avait effacé de la
la langue jusqu'au mot de TOLERANCE, pour y substituer
celui qu'adopte Mably avec tous les philosophes, PROTEC-
TION. La loi ne tolérait aucune religion, mais se croyait
obligée de les protéger toutes.

fait pas, il en naîtra d'abord des plaintes, des mur-
mures, des reproches. Les scandales et les haines
succéderont, et les citoyens seront armés les uns
contre les autres.

La religion chrétienne, est, dit-on, intolérante
par sa nature ; mais entendons-nous, je vous prie.
Si on veut dire qu'ayant été donnée aux hommes
par Dieu même, ses ministres ne peuvent adopter
des erreurs contraires aux vérités qui leur sont ré-
vélées, ni admettre un nouveau culte, comme le
pouvaient autrefois les Grecs et les Romains, on a
raison ; mais qu'il y a loin de cette intolérance ec-
clésiastique à la tolérance civile et politique. Quoi!
parce que les Luthériens, les Catholiques Romains
et les Calvinistes ne peuvent s'admettre mutuellement
à leur communion, doivent-ils s'égorger ? Dieu seul
sait quelle punition mérite l'erreur de l'esprit ; mais
la raison nous démontre que dans ce monde ce n'est
point un crime digne de mort. Le législateur peut-
il se rendre coupable, quand il obéira à la loi é-
ternelle qui ordonne aux hommes de s'aimer ? Je
l'avoue ; j'aurais quelque peine à croire que le gouvernement fît une faute en imitant la bonté et la
patience de Dieu.

Plus le zèle que les ministres de la religion chrétienne ont pour le salut des ames est propre à leur
faire illusion, plus le législateur doit être attentif
à cette sorte de séduction. Vous êtes destinés, doit-
il leur dire, à montrer aux hommes le chemin qui
conduit au ciel ; et quand vous avez prié Dieu d'é-
clairer par sa grace ceux qui refusent de vous croire,

votre mission est remplie. Voilà votre devoir, je vous exhorte à le remplir, et vous prie de me permettre de ne pas manquer au mien. Je suis magistrat et non pas apôtre. La paix, la tranquillité, en un mot, le bonheur de la société ; voilà les objets que je dois me proposer ; et je vous demande si je suis armé de l'épée pour punir des citoyens qui remplissent tous les devoirs que la patrie exige d'eux, et qui pratiquent la religion qu'ils croient la plus agréable à Dieu. Que chacun s'en tienne aux devoirs de son état, et tout le monde sera heureux. Ne croyez pas que nos obligations soient opposées. Si je me livrais à votre zèle, je ferais haïr une doctrine que vous devez faire aimer. Je ferais une folie, puisque la vérité ne se persuade point par la force ; je servirais mal Dieu, puisque l'hommage d'un hypocrite qui trahit sa conscience, ne peut lui plaire ; en associant à vos mystères des hommes qui en sont indignes, je profanerais une religion que vous voulez conserver dans toute sa pureté, et je me rendrais coupable de leur sacrilège. Je vous dois, il est vrai, ma protection, mais m'égarer avec vous et par vos conseils imprudents, serait-ce vous protéger ? Remarquez au contraire qu'en me bornant au bonheur temporel de la société, je vous donne une protection véritablement utile. C'est vous apprendre à ne pas obéir à un zèle indiscret qui vous rendrait coupables, et comme citoyens et comme ministres de la religion. Quand j'aurai consenti à vous faire détester et à me faire haïr moi-même par des loix inutiles, injustes et sanguinaires ; pensez-vous que la religion s'en trouvera mieux, et que ses ennemis ne se multiplieront pas ?

Ces considérations sont d'autant plus importantes, Milord, et sont des principes d'autant plus certains, qu'on ne peut s'en écarter une fois sans tomber dans un abîme de maux d'où il est en quelque sorte impossible de sortir. Dès que le gouvernement aura été assez malheureux pour faire un acte de persécution, vous verrez la religion dégénérer en fanatisme. Ne mettez jamais en opposition les loix divines et les loix humaines ; car les gens de bien qui croient entendre les ordres de Dieu, n'obéiront pas à des hommes ; et comme on se croit en droit de les persécuter, ils se croiront en droit de la défendre. Alors toutes les passions irritées et soulevées par les désordres que produit l'injustice, se porteront aux violences les plus abominables ; et j'en appelle aux guerres de religion dont l'Europe a été désolée ; à quelle vengeance, à quelle lâcheté, à quel crime, à quel forfait les mains des fanatiques se refusèrent-elles ?

La rivalité des princes du sang et des Guises n'aurait produit que des tracasseries de cour, si les violences de François I. et de son fils, à l'égard des réformés, ne les eussent invités à se précautionner contre les injustices du gouvernement. L'ambition du prince de Condé, ne fut plus la basse et intriguante ambition d'un courtisan, quand l'amiral de Coligny l'eut averti de joindre sa cause à celle des calvinistes mécontens. Il étonna alors son ennemi qui fut réduit à paraître plus catholique qu'il ne l'était en effet, pour se faire un parti et prévenir sa ruine. Le roi perdit tous ses droits et tout son pouvoir, parce que sa persécution indiscrette avait allumé le fanatisme. Personne ne voulut lui obéir; les uns l'accusaient d'être trop catholique, les autres de ne l'être pas assez, et tous méprisèrent l'autorité royale. Vous vous rappellez dans quelle faiblesse tomba le gouvernement toujours obligé de faire la paix et la guerre, sans jamais pouvoir concilier des hommes qui croyaient ne pouvoir subsister qu'en exterminant leurs ennemis.

Telle est la malheureuse situation où se trouve un état, quand des religions se sont fait d'assez grandes injures pour en venir aux armes. Le passé donne des alarmes pour l'avenir; et la haine semble se reproduire incessamment. Il s'écoulera des siècles avant que le législateur trouve les esprits assez lassés de leurs dissensions pour recevoir les principes d'une sage tolérance qu'il eût été d'abord si facile de faire adopter. La ligue fut vaincue par Henri I V, et quelqu'envie qu'eût ce prince d'établir une paix solide, il ne put procurer à ses sujets qu'une trève. De combien de maux les hommes ont-ils donc besoin pour apprendre à être sages! L'Edit de Nantes, qui dans ces circonstances était sans doute la loi la plus raisonnable qu'on pût publier, ne contenta personne et laissa subsister les anciennes haines et les anciens soupçons. La nécessité où Henri I V avait été de se faire catholique, était une preuve évidente qu'il n'était pas possible de faire une paix solide entre les deux religions. En forçant Henri I V à faire une abjuration, les catholiques devaient se flatter qu'ils le forçeraient encore, lui ou son successeur, à servir leur haine ; et les calvinistes , témoins de ces sentimens , devaient être toujours prêts à recommencer la guerre ; parce qu'ils n'étaient point assez stupides pour croire qu'on respecterait leurs priviléges. S'il paraissait facile de détruire les protestans, c'était une raison pour qu'on le tentât ; si l'entreprise paraissait difficile, c'était une raison pour qu'on la crût nécessaire. Ainsi, la guerre civile était inévitable, si le gouvernement était encore aussi faible qu'il l'avait été sous les fils de Henri II ; ou bien il fallait s'attendre à la révocation de l'Edit de Nantes , si le gouvernement avait de la force et de la vigueur. Quoiqu'il arrivât, la France devait donc encore se sentir sous les successeurs de Henri IV de la faute qu'avaient faite François I et son fils, en donnant l'exemple de la persécution.

En Angleterre même, Milord, où sous les auspices d'un sage gouvernement, la raison a fait tant de progrès , combien ne retrouvez-vous pas encore de traces de vos haines théologiques? Combien n'a-t-il pas fallu de tems, de guerres et de désastres avant que les Allemands ayent pu réparer les torts que leur a faits leur intolérance? Peut-être même que le feu des dissensions n'est pas entièrement éteint ; peut-être n'est-il que caché sous la cendre ! Quelle longue suite de maux l'intolérance traine-t-elle donc après elle , s'il est vrai que le gouvernement établi par la paix de Westphalie n'ait pu dissiper entièrement les défiances et les haines des catholiques et des protestans.

Là se terminent aussi les principes de Mably sur la religion.

CONCLUSION.

Quel bonheur, si notre gouvernement, ancien et nouveau, les avait pris pour règle de sa conduite! Mais il semble que le bon sens et la raison ne sont point de mise parmi nous. Nous avons fait constamment, depuis deux siècles tout ce qu'il était possible de faire pour dégrader la religion, pour en ruiner l'esprit; et parce que nous y étions malheureusement parvenus, nous n'avons point vu d'autre remède au mal que de détruire entièrement cette première base de la société. O la profonde politique!

Enfin, après tous les excès d'un délire jusques-là sans exemple, le *système* paraît changer; on convient aujourd'hui *qu'il est à propos de ne plus parler de religion*. C'est quelque chose; nous n'entendrons plus de blasphêmes. Mais ce n'est pas assez; on est convenu aussi sans doute de ne plus rien faire ni laisser faire contre la religion : autrement, où serait la justice? Persécuter à outrance la religion, comme on l'a fait depuis plus d'un an, tenir ses temples fermés, lui interdire ailleurs tout rassemblement, emprisonner, torturer, exterminer ses ministres et déclarer en même tems *qu'on ne veut plus entendre parler de religion*, c'est dire qu'en persécutant, on fermera l'oreille à toutes réclamations; ce n'est pas-là sans doute une pensée digne de législateurs; c'est le *nec plus ultrà* de la tyrannie.

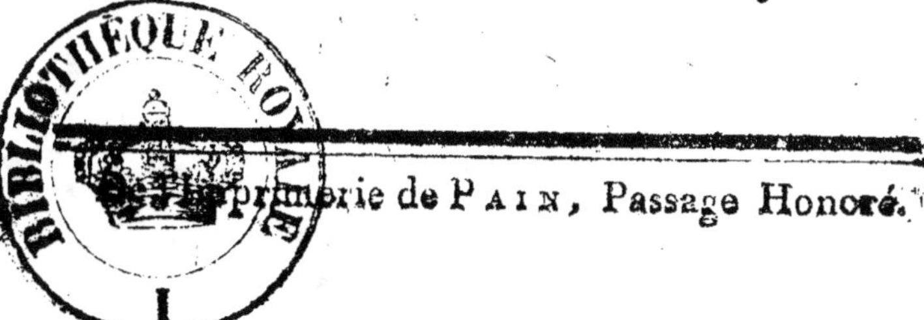

De l'imprimerie de P A I N, Passage Honoré.

www.ingramcontent.com/pod-product-compliance
Lightning Source LLC
LaVergne TN
LVHW012227170726

843503LV00005B/2311